contents

표지이야기

형형색색의 모자가 잔뜩 쌓여 있는 이곳은? 바로 분수나라 모자 디자이너 갑분스의 모자 가게예요. 갑분스가 쓴 $\frac{4}{4}$ 모자는 분자와 분모의 크기가 같네요. 만약 머리 위의 분자가 더 크거나 작을 땐 어떻게 해야 할까요? 갑분스를 도와 모자를 만들어 봐요!

10

 이야기로 넘나 **어수잼**

어떤 분수도 멋지게!
근사한 모자 가게로 오세요~

40

 퍼즐 마법학교

열려라, 굳게 닫힌 마음의 갑옷

숫자로 보는 뉴스

06 어린이를 위한 병원,
10년 동안 $\frac{1}{40}$ 줄었어요!

수학 개념 완전정복!

04 수학 교과 단원맵

08 어수티콘
부등호

16 수콤달콤 연구소
빨간 꽃, 노란 꽃~ 꽃다발 속 장미의 '비율'은?

20 꿀꺽! 생활 속 수학 한 입
$\frac{4}{4}$ 박자로 연주해요~♪ 아름다운 선율의 비밀은 분수?!

44 수학 궁금증 해결! 출동, 슈퍼M
수박을 공평하게 나눠 먹는 방법은 무엇인가요?

74 꿀꺽! 생활 속 수학 두 입
40% 할인이냐, 2+1이냐! 그것이 문제로다!

76 똥손 수학체험실
바나나 $2\frac{1}{2}$개, 아몬드 $\frac{5}{6}$컵?!
알쏭달쏭 똥손 파티세리

80 옥톡과 달냥의 우주탐험대
뉴 호라이즌스 호와 명왕성

82 수학 플레이리스트

진짜 재밌는 수학만화

24 놀러와! 도토리 슈퍼
두근두근 스윙스랜드!

32 요리왕 구단지
치즈피자 대작전!

48 헬로 매스 지옥 선수촌
도라지 vs. 배민아!

56 인공지능 로봇 마이보2
오염될수록 잘 산다고?

66 수리국 신한지의 비밀
신명놀이단의 속임수

84 우당탕탕 수학 과몰입러
먹을 만큼 담아 보자!

수학 교과 단원맵

14호 수와 연산 분수와 소수 ❷

이번 호 <어린이수학동아>가 초등 수학 교과의 어느 단원과 연결되는지 확인해 보세요. 어수동을 재밌게 읽는 동안 수학의 기초가 튼튼해져요!

영역	1학년 1학기	1학년 2학기	2학년 1학기	2학년 2학기	3학년 1학기	3학년 2학기	4학년 1학기	4학년 2학기	5학년 1학기	5학년 2학기	6학년 1학기	6학년 2학기
수와 연산	9까지의 수	100까지의 수	세 자리 수	네 자리 수	덧셈과 뺄셈	곱셈	큰 수	**분수의 덧셈과 뺄셈**	자연수의 혼합 계산	**분수의 곱셈**	분수의 나눗셈	분수의 나눗셈
	덧셈과 뺄셈	덧셈과 뺄셈①	덧셈과 뺄셈	곱셈구구	나눗셈	나눗셈	곱셈과 나눗셈	**소수의 덧셈과 뺄셈**	약수와 배수	소수의 곱셈	소수의 나눗셈	소수의 나눗셈
	50까지의 수	덧셈과 뺄셈②	곱셈		곱셈	**분수**			**약분과 통분**			
		덧셈과 뺄셈③			**분수와 소수**				분수의 덧셈과 뺄셈			
규칙성				규칙 찾기			규칙 찾기		규칙과 대응		**비와 비율**	비례식과 비례배분
										여러 가지 그래프		
도형	여러 가지 모양	여러 가지 모양	여러 가지 도형		평면도형	원	각도	삼각형	다각형의 둘레와 넓이	합동과 대칭	각기둥과 각뿔	공간과 입체
							평면도형의 이동	사각형		직육면체	직육면체의 부피와 겉넓이	원의 넓이
								다각형				원기둥, 원뿔, 구
측정	비교하기	시계 보기와 규칙 찾기	길이 재기	길이 재기	길이와 시간	들이와 무게			수의 범위와 어림하기			
				시각과 시간								
자료와 가능성			분류하기	표와 그래프		자료의 정리	막대 그래프	꺾은선 그래프		평균과 가능성		

4 어린이수학동아

교과서랑 같이 봐요!

어떤 분수도 멋지게!
근사한 모자 가게로 오세요~

- 3-2 분수
  - ▶ 여러 가지 분수를 알아볼까요
  - ▶ 분모가 같은 분수의 크기를 비교해 볼까요
- 5-1 약분과 통분
  - ▶ 분수를 간단하게 나타내어 볼까요
  - ▶ 분모가 같은 분수로 나타내어 볼까요
  - ▶ 분수의 크기를 비교해 볼까요

10p

$\frac{4}{4}$ 박자로 연주해요~ ♬ 아름다운 선율의 비밀은 분수?!

- 3-1 분수와 소수
  - ▶ 분수를 알아볼까요
  - ▶ 단위분수의 크기를 비교해 볼까요
- 3-2 분수
  - ▶ 분수만큼은 얼마일까요

20p

40% 할인이냐, 2+1이냐! 그것이 문제로다!

- 5-2 분수의 곱셈
  - ▶ (분수)×(자연수)를 알아볼까요
  - ▶ (자연수)×(분수)를 알아볼까요
- 6-1 비와 비율
  - ▶ 백분율을 알아볼까요
  - ▶ 백분율이 사용되는 경우를 알아볼까요

74p

바나나 $2\frac{1}{2}$개, 아몬드 $\frac{6}{5}$컵?! 알쏭달쏭 똥손 파티세리

- 3-2 분수
  - ▶ 여러 가지 분수를 알아볼까요
- 5-1 약분과 통분
  - ▶ 크기가 같은 분수를 알아볼까요
  - ▶ 분모가 같은 분수로 나타내어 볼까요
  - ▶ 분수의 크기를 비교해 볼까요

76p

함께 생각해 봐요!

- ☑ 진분수, 가분수, 대분수는 각각 한자로 眞分數, 假分數, 帶分數라고 써요. 왜 이런 이름이 붙었을까요?
- ☑ 가분수를 대분수로, 대분수를 가분수로 나타낼 수 있어요. 가분수를 쓰면 편리한 때는 언제이고, 대분수를 쓰면 편리한 때는 언제일까요?
- ☑ 분수의 크기를 비교할 때 분모를 똑같게 만들어야 하는 이유가 무엇일지 설명해 보세요.

- ☑ 온음표는 4박자를 나타내고, 박자가 절반으로 줄어들 때마다 2분음표, 4분음표…처럼 음표 이름에 붙은 수는 커져요. 그럼 64분음표는 몇 박자일까요?
- ☑ 음표 옆에 점을 붙이면 원래 음표의 절반만큼 박자가 길어져요. 그럼 점8분음표는 몇 박자일까요?
- ☑ 여러 가지 분수를 음표로, 음표를 분수로 나타내 봐요.

- ☑ 일상생활에서 %(백분율, 퍼센트)가 언제 쓰이는지 찾아보세요.
- ☑ 2개 사면 1개가 공짜인 2+1 행사 상품을 3개 구매할 때, 1개당 가격은 어떻게 계산할 수 있을까요?
- ☑ 백분율로 나타내면 편리한 이유는 무엇일까요?

- ☑ 요리법은 100g(그램), 200mL(밀리리터)처럼 쓰기도 하지만, 2큰술 반, 1과 $\frac{2}{3}$컵처럼 쓰는 경우가 많지요. 재료의 양을 분수로 나타내면 편리할 때가 많아요. 왜 그런지 생각해 봐요.
- ☑ 완성된 케이크를 자를 때에도 분수를 이용해 보세요. 전체 케이크를 몇 조각으로 나눌지, 그중 각자 몇 조각씩 먹을지 생각해 봐요.

숫자로 보는 뉴스

글 최은솔 기자(eunsolcc@donga.com) 디자인 오진희 사진 GIB, 어린이수학동아

어린이를 위한 병원, 10년 동안 $\frac{1}{40}$ 줄었어요!

최근 어린이들이 병원에서 진료를 받기 위해 기다리는 시간이 길어졌어요. 어떻게 된 일일까요? 바로, 어린이를 위한 병원인 소아청소년과가 점점 줄어들고 있기 때문이에요.

건강보험심사평가원에 따르면 우리나라의 전체 의원★ 수는 2013년에 2만 8328개였는데, 2023년에는 3만 5225개로 늘어났어요. 하지만 소아청소년과는 같은 10년 동안 2200개에서 53개가 줄어 2147개가 되었지요. 새로 문을 연 다른 의원의 수는 늘었는데, 소아청소년과는 오히려 2200개 중 53개(약 $\frac{1}{40}$)가 문을 닫은 셈이에요.

용어 설명

의원★ 환자가 누울 수 있는 침대가 30개 미만인 의료기관이에요. 보통 동네 곳곳에 있는 작은 병원인 경우가 많아요.
출생아★ 태어난 아이라는 뜻이에요.

#소아청소년과 #어린이 #출생아_수 #분수

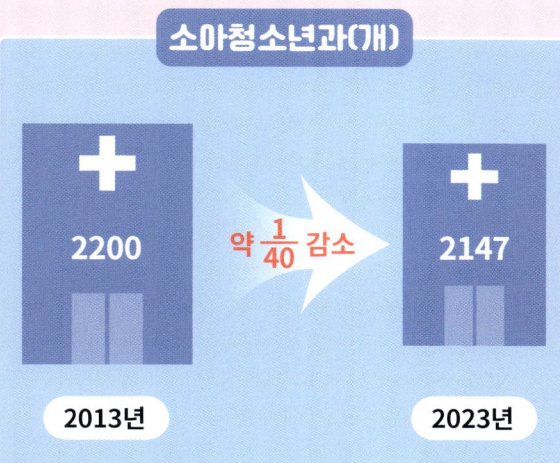

소아청소년과가 줄어든 이유 중 하나는 태어나는 아이의 수가 줄었기 때문이에요. 통계청이 발표한 출생아★ 수는 2012년에 48만 5000명이었지만 2022년에는 24만 9000명으로, 거의 $\frac{1}{2}$이나 줄어들었어요. 아이의 수가 점점 줄어들면서 소아청소년과는 환자가 적어지고, 병원을 운영해 얻는 이익도 줄어든 거예요.

하지만 전문가들은 소아청소년과가 꼭 필요하다고 말해요. 조승복 소아청소년과 전문의는 "어린이는 몸무게에 따라 정확한 양의 약을 줘야 해요. 어린이의 몸에 꼭 맞는 진단이 가능한 소아청소년과가 사라진다면, 어린이가 아플 때 위급한 상황에 빠질 수도 있어요."라고 말했어요.

소아청소년과 의원에서 진료를 받기 위해 기다리고 있는 환자들의 모습이에요.

콜록콜록. 소아청소년과에 갔는데, 앞에 24명이 기다리고 있어요!

부등호

두 병정이 허리를 굽힌 채 서로를 부둥켜안고 있어요! 둘 다 무척 기뻐 보이는데, 어느 쪽의 기쁜 마음이 더 클까요? 꺾어진 몸이 꼭 기호 '>'과 '<'처럼 보이네요. 이 기호의 이름은 바로 빨간 모자의 병정이 외치고 있는 '부등호'예요.

글 조현영 기자(4everyoung@donga.com) 일러스트 밤곰
#수학용어 #수학개념 #이모티콘 #부등호

어느 쪽이 더 클까?

 '부등호'라는 이름의 뜻은 뭐죠?

부등호는 어떤 수나 식의 크기를 비교할 때 쓰는 기호예요. 흔히 쓰는 등호(=)는 '같다'라는 의미의 한자를 써서 이름 지었어요. 어떤 수, 식의 크기가 같음을 나타내는 기호이기 때문이지요. 부등호는 여기에 아닐 부(不) 자를 덧붙여서 '같지 않다', 즉 비교할 두 수의 크기가 서로 다르다는 뜻을 담았어요. 부등호의 벌어진 면은 언제나 더 큰 수를 향해있지요. 두 수의 크기를 비교하지 않고 서로 다르다는 것만 나타낼 때는 등호에 빗금을 하나 그은 '≠' 기호를 써요.

 그러면 부등호는 서로 다른 수를 비교할 때만 쓸 수 있는 건가요?

반드시 그런 건 아니에요! 만약 어떤 기준보다 크거나 같은 수를 나타내고 싶다면, 부등호 아래에 선분을 하나 그어서 '?≥3'과 같이 나타내요. 이때 ?은 3일 수도 있고, 3보다 큰 수일 수도 있지요. 반대로 어떤 기준보다 작거나 같은 수를 나타내고 싶다면 '?≤5'와 같이 나타내요. 이때 ?은 5일 수도 있고, 5보다 작은 수일 수도 있지요. 이러한 부등호는 ?이 어떤 수인지 모를 때 주로 쓴답니다.

독자들의 3행시와 2행시를 소개합니다!

나 나누기를 할 때 어려우면
머 머리로 생각하세요.
지 지금 〈어수동〉으로 배워 보세요!

권우진(hyeyeon.heo)

분 분자, 내 아들! 네가
자 자랑스럽구나!

김지한(onefinemonin)

나만의 수학 용어 이모티콘과 3행시를 만들어 주세요!

+ 놀이북 6쪽, 23쪽과 함께 보세요!

이야기로 냠냠! 어수잼

어떤 분수도 멋지게! 근사한 모자 가게로 오세요~

글 최은솔 기자(eunsolcc@donga.com) 디자인 김은지 일러스트 남동완 도움 표정희(서울 새솔초등학교 교사)
#분수 #진분수 #가분수 #대분수 #통분

"모자가 대체 왜 안 팔리는 거야~!"

평화롭던 분수나라에 '갑분스'의 목소리가 울려 퍼졌어요. 모자 디자이너인 갑분스의 모자 가게 '모자라스'에서 나는 소리였지요.

분수나라에 사는 분수족은 머리에 자신만의 분수를 가지고 태어나요. $\frac{4}{4}$ 모양의 머리를 가진 갑분스는 윗면과 아랫면의 크기가 꼭 같은, 이토록 완벽한 원기둥 모양의 모자들이 어째서 인기가 없는지 알 수 없었지요. 손님들은 모자가 머리에 맞지 않는다며 환불을 요청했어요.

참 이상한걸. $\frac{19}{19}$ 아저씨와 $\frac{100}{100}$ 할머니는 내 모자가 마음에 든다고 했는데…. 대체 뭐가 문제지?

갑분스가 고민하던 그때, 친구 '진분이'가 모자라스의 문을 열고 들어왔어요.
"갑분스, 뭐가 그렇게 심각해? 맛있는 간식을 먹으면서 잊어버려!"
진분이는 가방에서 여러 가지 간식들을 꺼냈지요.

"내가 누군지 잊었어? 내 머리 모양을 봐. 우리 가족은 진분수 집안이라고! 진분수답게 뭐든지 0보다는 많게, 1보다는 적게 가지고 다니지. 하핫!"
　　진분이의 머리 위 분수는 $\frac{2}{3}$였어요. 갑분스는 그제야 깨달았지요.
"아하! 진분수는 분자가 분모보다 작아. 진분수 사람들에게는 아랫부분이 크고 윗부분이 작은 고깔모자가 잘 맞겠어!"

잠시 후, 분수족의 멋쟁이로 불리는 '가분이'가 찾아왔어요. 갑분스는 새로 만든 고깔모자를 자랑스럽게 선보였어요. 그런데, 고깔모자는 머리에 있는 분수가 $\frac{5}{3}$인 가분이에게는 맞지 않았어요.

"어라? 가분이도 진분이처럼 분모가 3이니까 고깔모자가 맞을 줄 알았는데!"

"내 탐스러운 머리를 봐! 윗부분이 더 넓은 모양이잖아. 나는 가분수라, 분자가 분모와 같거나 분모보다 커. 그러니까 위로 갈수록 더 넓어지는 모자가 필요해."

'딸랑~.' 모자라스의 문이 열리고, 가분이의 쌍둥이 동생인 '대분이'도 들어왔어요. 대분이의 머리는 $1\frac{2}{3}$로, 분자가 분모보다 작았지요.

"대분이 넌 분자가 분모보다 작으니까, 고깔모자가 맞을 거…, 으악!"

갑분스는 대분이에게 모자를 씌워주었지만, 머리에 비해 모자가 너무 작아 '뻥!' 하고 뜯어지고 말았어요.

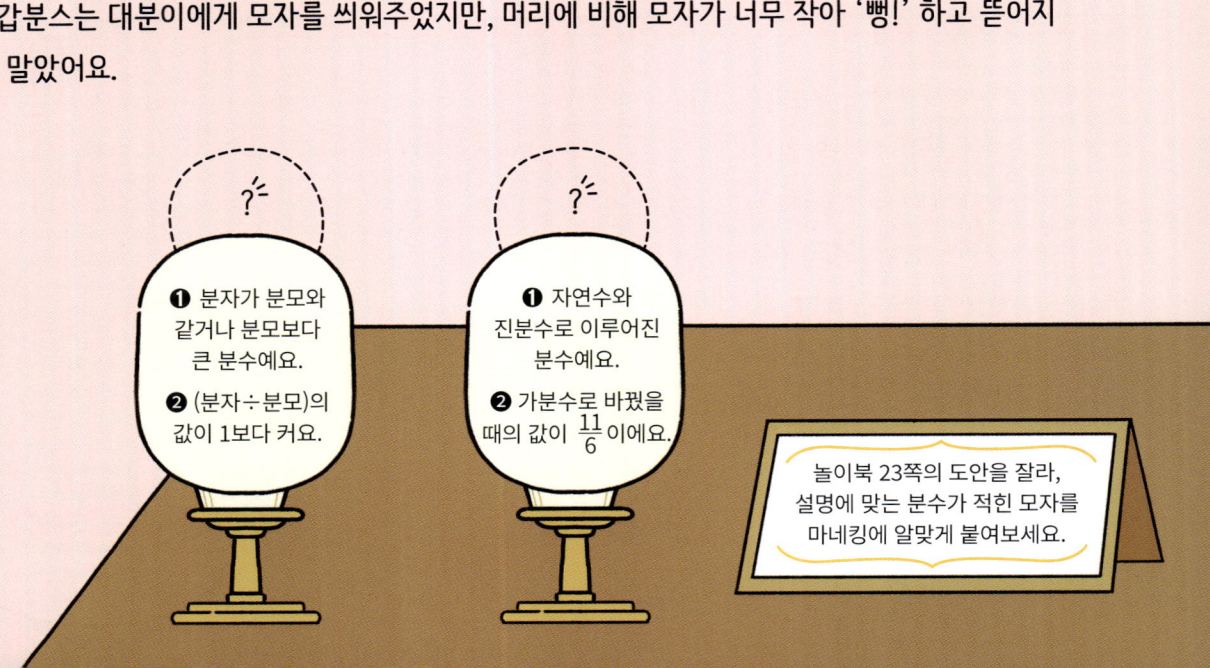

❶ 분자가 분모와 같거나 분모보다 큰 분수예요.
❷ (분자÷분모)의 값이 1보다 커요.

❶ 자연수와 진분수로 이루어진 분수예요.
❷ 가분수로 바꿨을 때의 값이 $\frac{11}{6}$이에요.

놀이북 23쪽의 도안을 잘라, 설명에 맞는 분수가 적힌 모자를 마네킹에 알맞게 붙여보세요.

"내가 대분수인 걸 미리 말해줄 걸 그랬어. 내 머리에 진분수인 $\frac{2}{3}$가 있긴 하지만, 그 앞에 자연수 1이 있어서 고깔모자는 절대 안 맞거든. 대분수는 자연수와 진분수의 합으로 이뤄진 분수야."

"괜찮아! 우리가 모자를 만드는 걸 도와줄게, 갑분스!"

한목소리로 응원하는 가분이와 대분이를 보며, 갑분스는 머리 모양과 숫자가 다른 둘이 어떻게 쌍둥이일 수 있는지 궁금해졌어요.

"그런데, 너희는 왜 쌍둥이야? 외모는 닮았지만, 서로 다른 수인걸?"

"천만의 말씀. 우리는 같은 수야!"

$$\frac{1}{3}+\frac{1}{3}+\frac{1}{3}+\frac{1}{3}+\frac{1}{3}=\frac{5}{3}$$
$$\frac{3}{3}=1$$

가분수 $\frac{5}{3}$에서 $\frac{3}{3}$은 1과 같아요.
즉, $\frac{5}{3}$는 $1+\frac{2}{3}$와 같지요.
이를 대분수로 $1\frac{2}{3}$라 쓰고,
'1과 3분의 2'라고 읽어요.

사각사각. 가위질 소리가 빨라졌어요. 갑분스는 가분이에게는 윗부분이 넓은 모양의 모자를, 대분이에게는 자연수와 진분수가 모두 들어갈 수 있는 널찍한 모자를 만들어 주었지요.

다음 날, 자신감을 얻은 갑분스는 콧노래를 부르며 다양한 모자를 만들었어요. 그때, 정체를 알 수 없는 손님이 모자라스에 들어왔지요.

"누구나 갖고 싶어 할 모자를 만들어 주시오. 2개의 원단 중에, 더 많이 쓸 수 있는 원단으로 모자를 만들 수 있겠소? 원단 하나는 $\frac{1}{4}$만 남아있고, 다른 원단은 $\frac{5}{12}$만 남아 있소."

미스터리한 손님은 두 가지 원단을 건네며 말했어요.

"으악! 분모가 서로 다른 두 분수는 어떻게 비교하지?"

갑분스가 당황하자, 미스터리한 손님이 다시 말했어요.

"후후후….어렵다면 내가 힌트를 주겠소. 어떤 분수가 더 큰지 한눈에 알기 어려울 때는 '통분'이 필요하오."

이것만 기억하시오! 분모와 분자를 같은 수로 곱하거나 나누어도, 분수의 값은 변하지 않는다는 것을….

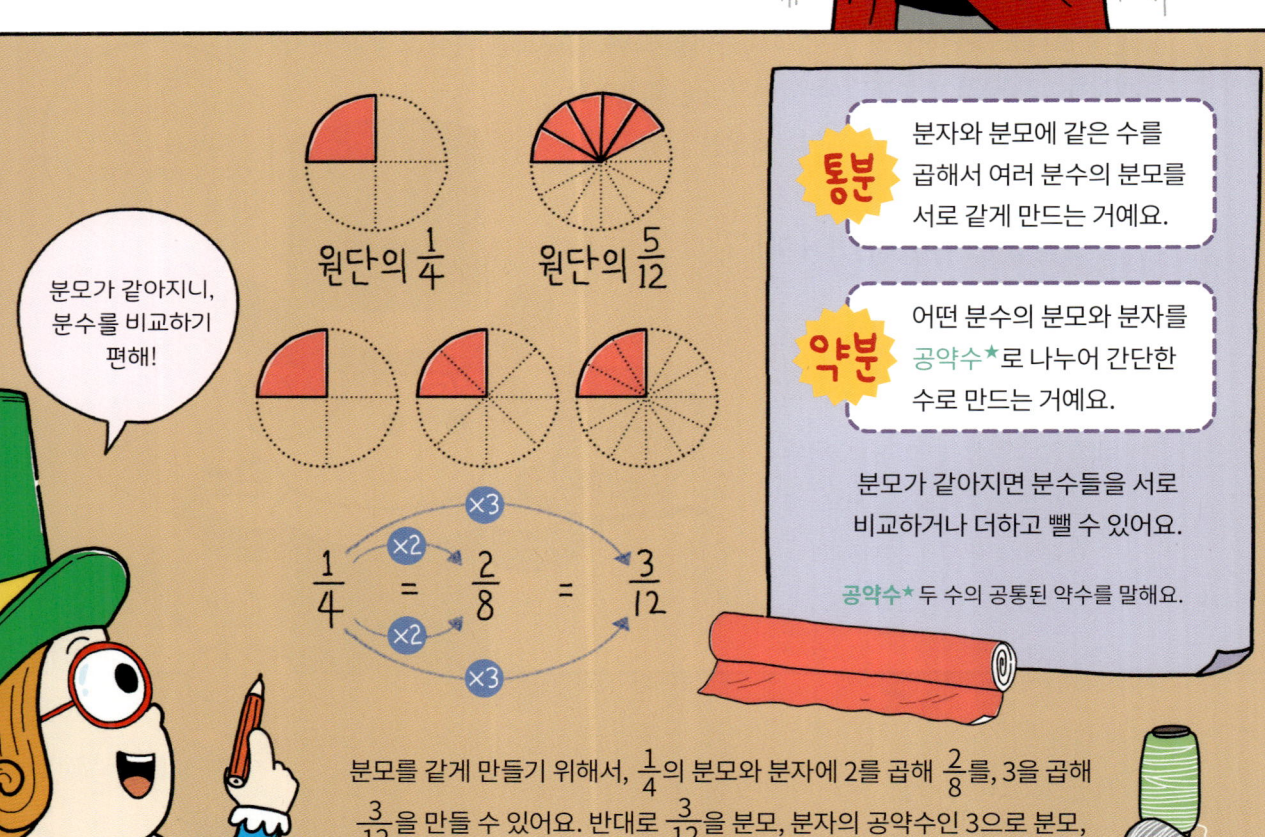

분모가 같아지니, 분수를 비교하기 편해!

원단의 $\frac{1}{4}$ 원단의 $\frac{5}{12}$

통분 분자와 분모에 같은 수를 곱해서 여러 분수의 분모를 서로 같게 만드는 거예요.

약분 어떤 분수의 분모와 분자를 공약수*로 나누어 간단한 수로 만드는 거예요.

분모가 같아지면 분수들을 서로 비교하거나 더하고 뺄 수 있어요.

공약수* 두 수의 공통된 약수를 말해요.

$$\frac{1}{4} = \frac{2}{8} = \frac{3}{12}$$

분모를 같게 만들기 위해서, $\frac{1}{4}$의 분모와 분자에 2를 곱해 $\frac{2}{8}$를, 3을 곱해 $\frac{3}{12}$을 만들 수 있어요. 반대로 $\frac{3}{12}$을 분모, 분자의 공약수인 3으로 분모, 분자를 각각 나눠주면 $\frac{1}{4}$이 되지요.

"분자와 분모에 자연수 1부터 차례대로 곱하다가, 분모가 서로 같아지는 순간을 찾아내는 것이 바로 통분의 비법이오. 두 분모가 같아졌을 때의 수를 '최소공배수'라고 하오."

"아하! 그럼 $\frac{3}{12}$보다 $\frac{5}{12}$가 더 크니까, $\frac{5}{12}$만 남은 원단으로 모자를 만들어드릴…, 으엥?!"

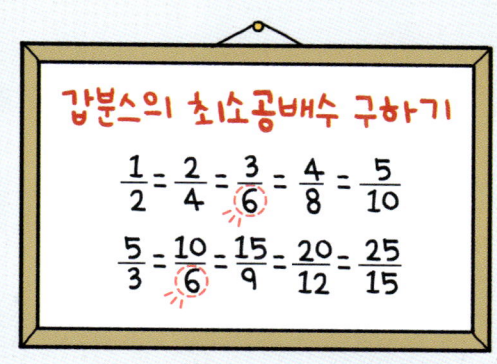

갑분스의 최소공배수 구하기

$$\frac{1}{2} = \frac{2}{4} = \frac{3}{6} = \frac{4}{8} = \frac{5}{10}$$

$$\frac{5}{3} = \frac{10}{6} = \frac{15}{9} = \frac{20}{12} = \frac{25}{15}$$

손님은 이미 사라지고, 유유히 떠나가는 뒷모습만 창밖으로 보였어요.

"후후후…. 통분까지 이해했으니, 분수족의 모자 디자이너가 될 자격은 충분하겠어."

미스터리한 손님의 정체는 무엇일까요? 그건 아무도 모르지만, 그가 떠나간 뒤로 모자라스에는 손님이 끊이지 않았어요. 얼마 지나지 않아 갑분스는 가장 유명한 모자 디자이너가 되었답니다!

빨간 꽃, 노란 꽃~ 꽃다발 속 장미의 '비율'은?

향기로운 꽃내음이 물씬~. 수콤달콤 연구소가 이번에는 꽃집으로 변신했네요. 빨간 장미와 노란 튤립을 같은 비율로 섞어서 예쁜 꽃다발을 만들어 봐요!

글 최은혜 기자(ehchoi@donga.com) **디자인** 오진희 **일러스트** 허경미, GIB

> 튤립에 대한 장미의 비율은 $\frac{1}{2}$이야. 0.5라고도 할 수 있지. 꽃다발마다 장미와 튤립의 수가 다르지만, 비율은 똑같아.

비   1 : 2

비율 $\frac{1}{2}$ = 0.5

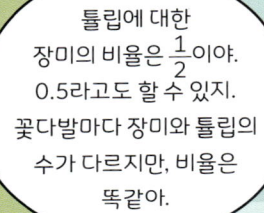

수콤 비법

기준이 되는 양에 대한 비교하는 양의 크기를 비율이라고 해요. 비 는 비교하는 양 : 기준량 으로 나타내고, 비율 은 $\frac{비교하는\ 양}{기준량}$ 또는 (비교하는 양)÷(기준량)의 값으로 나타내요. 비 1:2를 비율로 나타내면 $\frac{1}{2}$ 또는 0.5가 돼요. 기준량과 비교하는 양이 달라져도 비율은 같을 수 있지요.

수콤달콤 화원

화원에 여러 가지 꽃모종이 가득해요. 꽃모종은 옮겨 심을 수 있도록 가꾼 어린 화초를 말하지요. 가로, 세로 10송이씩, 총 100송이의 꽃모종을 심었어요. 그중 다 자란 꽃으로 수콤, 달콤, 상콤이가 꽃다발을 만들었지요.

달콤이가 다발로 만든 꽃

수콤이가 다발로 만든 꽃

상콤이가 다발로 만든 꽃

꽃모종의 수는
🌸이 20송이,
🌻이 30송이야.
🌻에 대한 🌸의
비율은 $\frac{20}{30}=\frac{2}{3}$야.

꽃모종 전체 개수에 대한
🌸의 비율은 $\frac{20}{100}=\frac{1}{5}$이야.
전체 🌸에 대해
내가 만든 꽃다발 속
🌸의 비율은 $\frac{7}{20}$이야.

내가 꽃다발로 만든
🌸은 20송이야.
전체 🌸에 대해
내가 꽃다발로 만든
🌸의 비율은 $\frac{20}{50}=\frac{2}{5}$야.

수콤 달콤 상콤

퀴즈 전체 🌸 중 달콤이가 꽃다발로 만든 꽃의 비율과 전체 🌸 중 상콤이가 꽃다발로 만든 꽃의 비율, 어느 쪽이 클까요?

정답 전체 🌸 중 달콤이가 꽃다발로 만든 꽃의 비율은 $\frac{7}{20}=\frac{35}{100}$이고, 전체 🌸 중 상콤이가 꽃다발로 만든 꽃의 비율은 $\frac{20}{50}=\frac{40}{100}$이에요. 달콤이는 자신의 꽃모종 중에서 35%, 상콤이는 상콤이의 꽃모종 중에서 40%로 꽃다발을 만들었어요.

달콤 비법

기준량을 100으로 할 때의 비율을 '백분율'이라고 해요. 우리가 일상 생활에서 가장 많이 쓰는 비율 중 하나예요. 분모를 100으로 똑같이 맞춘 뒤 비교하는 양이 어느 쪽이 더 큰지 확인하지요. 분모가 서로 다른 두 비율을 비교하려면 백분율을 이용하면 돼요. 백분율은 기호 %(퍼센트)를 써서 나타내요. 예를 들어 비율 $\frac{4}{5}$를 백분율로 나타낼 때는 분모와 분자에 각각 20을 곱해 $\frac{80}{100}$으로 만들고, 80%라고 써요.

$\frac{4}{4}$박자로 연주해요~
아름다운 선율의 비밀은 분수?!

부드러운 피아노, 깔끔한 바이올린, 심장 뛰는 드럼! 여러 악기로 연주하는 멋진 음악을 들으면 기분이 좋아져요. 직접 연주를 해 보고 싶어서 악보를 펼쳐 보니…, 으아악! 이 콩나물 같은 건 다 뭐람! 그런데 잠깐, 여기 이거…, 우리가 잘 아는 '분수'네요! 대체 악보에 분수가 왜 들어있는 걸까요? 네? 이게 전부 수학과 관련돼 있다고요?

글 조현영 기자 4everyoung@donga.com 디자인 오진희 일러스트 GIB
참고 구자현 <음악과 과학의 길>
#분수 #음이름 #길이 #음악 #박자 #음표 #덧셈

높은음자리표 높은 소리의 음을 나타내는 기호예요.

낮은음자리표 낮은 소리의 음을 나타내는 기호예요.

음이름 '도-레-미-파-솔-라-시'를 'C-D-E-F-G-A-B' 또는 '다-라-마-바-사-가-나'로 나타내요.

음표 악보에서 음의 위치와 박자를 나타내는 기호예요.

박자표 악보에서 한 마디 안에 어떤 음표가 몇 개 들어가야 하는지 나타내요.

길이로 정했어요, '도레미파솔라시도'

일곱 가지 음이름 도, 레, 미, 파, 솔, 라, 시를 처음 정리한 사람은 바로 고대 그리스의 수학자 피타고라스예요. 2500년 전의 어느 날, 피타고라스는 쇳덩이들이 부딪히는 소리를 듣다가 쇠의 무게에 따라 다른 소리가 난다는 점을 알아챘어요. 또, 팽팽하게 당겨진 줄을 튕길 때는 그 줄의 길이에 따라 다른 소리가 난다는 것도 알게 됐지요. 줄이 길면 낮은 음이, 짧으면 높은 음이 났던 거예요.

피타고라스는 기준이 되는 줄의 길이를 정하고, 이 줄에서 나는 음을 '도'라고 불렀어요. 기준의 $\frac{1}{2}$ 길이인 줄에서 나는 소리는 '한 옥타브★ 높은 도'라고 했지요. 줄의 길이가 절반씩 줄어들 때마다 조화로운 소리가 난다고 여겼거든요. 그리고 그 사이에 다양한 소리가 나도록 일정한 비율에 따라 각기 다른 길이의 줄을 6개 더 넣었어요. 이렇게 해서 만든 음계가 우리에게 익숙한 '도레미파솔라시도'가 됐답니다.

용어 설명

옥타브★ 음계의 간격을 나타내는 단위예요. 한 옥타브 올라갈 때마다 소리의 진동수는 2배씩 높아지지요. 더 많이 진동할수록 더 높은 소리가 나요.

줄의 길이에 따라 음이름을 정했어요!

온음표	o															
2분음표	♩							♩								
4분음표	♩				♩				♩				♩			
8분음표	♪		♪		♪		♪		♪		♪		♪		♪	
16분음표	♬	♬	♬	♬	♬	♬	♬	♬	♬	♬	♬	♬	♬	♬	♬	♬

2배씩 커지고 작아지는 '음표'

악보에서 가장 많이 보이는 콩나물 모양의 기호! 바로 음표예요. 타원이 위치한 곳에 따라 음의 높낮이가 달라지고, 타원 안쪽이 채워져 있는지 아닌지, 꼬리 모양이 어떠한지에 따라 박자★가 달라져요.

위의 그림에서 맨 위에 있는 온음표는 4박자 동안 소리를 내는 음표예요. 온음표의 절반인 2박자 동안 소리를 내는 것이 2분음표, 온음표의 $\frac{1}{4}$만큼인 1박자 동안 소리를 내는 것은 4분음표이지요. 음의 길이가 절반씩 줄어들수록 음표 이름에 붙은 숫자는 2배씩 커지네요! 박자를 $\frac{1}{2}$씩 계속 나누어 내려가다 보면 256분음표까지 나오는데, 보통 악보에서는 64분음표까지만 써요. 이와 같은 음의 길이는 음표에 달린 꼬리 곡선의 개수로 나타내요.

홀수인 박자는 어떻게 나타내냐고요? 점 하나만 콕 찍으면 돼요! 이 점은 원래 음표의 박자를 절반만큼 더 연주하라는 표시예요. 만약 2분음표의 오른쪽에 점이 있다면, 이 음표는 3박자 동안 연주되고, '점2분음표'라고 불리지요. 같은 원리로 '점4분음표'는 1박자+$\frac{1}{2}$박자 동안 연주돼요.

용어 설명

박자★ 음악을 연주하는 시간의 기본 단위를 '박'이라고 하고, 일정한 수만큼의 박이 모인 것을 '박자'라고 해요.

내 꼬리 곡선은 6개나 되지!

→256분 음표

점2분음표: ♩. = ♩ + ♩ = 3박자
(2박자 + 1박자)

점4분음표: ♩. = ♩ + ♪ = $1\frac{1}{2}$박자
(1박자 + $\frac{1}{2}$박자)

분수로 나타내는 '박자표'

악보의 맨 처음에는 한 마디에 음표가 몇 개, 어떤 종류로 들어가야 하는지에 따라 박자표를 적어요. 박자표는 꼭 분수 같은 모습을 하고 있지요. 분모 자리에 들어가는 수는 '기준이 되는 음표', 분자 자리에 들어가는 수는 '한 마디에 기준 음표가 몇 개 들어가는지'를 나타내요. 만약 $\frac{4}{4}$라고 적혀 있다면 '한 마디에 4분음표(♩) 4개만큼'의 박자가 연주돼야 해요. $\frac{6}{8}$이라고 적혀 있다면 한 마디에 8분음표(♪) 6개만큼의 박자가 연주돼야 하지요.

하지만 꼭 기준 음표만 넣을 필요는 없어요. 한 마디 안의 음표를 모두 더했을 때 정해진 박자가 나오면 되거든요! 예를 들어 박자표가 $\frac{4}{4}$라면, 한 마디에 들어가야 할 박자는 4분음표(♩) 4개만큼(1+1+1+1=4)이므로 총 4박자이지요. 4분음표 2개와 2분음표 1개를 써도 4박자가 돼요.

❶ $\frac{4}{4}$ → ♩ ♩ ♩ ♩ → 1+1+1+1 = 4

❷ $\frac{4}{4}$ → ♩ ♩ ♩ → 1+1+2 = 4

❸ $\frac{4}{4}$ → ♩ ♩ → 2+2 = 4

❹ $\frac{4}{4}$ → o → 4

이렇게 다양한 박자의 음표를 쓰면 재미있는 리듬을 만들 수 있답니다. 복잡할 것만 같았던 악보, 분수와 함께 보니 간단하지 않나요?

나라마다 다른 화폐! '환율'에 따라 교환해~

우리나라의 화폐 단위는 '원'이에요. 미국의 화폐는 '달러', 중국의 화폐는 '위안'이지요. 이처럼 화폐는 나라마다 다양해서, 다른 나라를 방문할 땐 우리나라 돈과 방문할 나라의 돈을 서로 교환해야 한답니다. 그런데 각 나라의 화폐가 갖는 가치도 제각각이에요. 예를 들어, 1미국달러를 받으려면 우리 돈 약 1300원을 줘야 해요. 유럽연합의 1유로는 우리 돈으로 약 1400원이지요. 이렇게 외국 화폐 하나를 받기 위해 우리나라 화폐를 얼마만큼 내야 하는지 나타내는 **비율**★을 바로 '환율'이라고 해요.

비율★ 어떤 수량이 다른 수량과 비교해 얼마만큼인지 나타낸 값이에요. 예를 들어 1:2는 기준이 되는 양이 2일 때 비교하는 양이 1이라는 의미예요. $\frac{1}{2}$라고 나타내기도 해요.

환율은 경제 상황에 따라 매일 조금씩 바뀐다고. 도토리 원의 가치가 높아졌다가 다음날 갑자기 뚝 떨어질 수도 있는 거야~.

그래서 환전은 '언제' 하느냐가 아주 중요한 거~ 어쩌구, 저쩌구.

힝, 이틀 전엔 1100원만 주면 1스프로 바꿀 수 있었는데…. 오늘은 180원 더 줘야 하네.

이틀 전
1100원 = 1 스프
오늘
1280원 = 1 스프

*스프: 스위스랜드 프랑

화폐 단위를 통일하면 되지, 왜 나라마다 다른 돈을 쓰는 거야~.

앗! 벌써 탑승 시각이 다 됐네~.

solsol airport GATE 7

휴우, 겨우 탑승!

저기요~. 창가 자리는 제 자린데요?

네?

< 재료 >
피자 도우, 토핑, 토마토 소스, 모짜렐라 치즈
(피자 도우를 만들기 어렵다면 또띠아로 대체)

- **피자 도우**
  강력분 200g, 드라이 이스트 4g, 소금 5g, 설탕 10g,
  올리브 오일 10g, 물 150mL
- **토핑**
  페퍼로니 햄, 피망, 버섯, 양파, 올리브 등 좋아하는 재료!

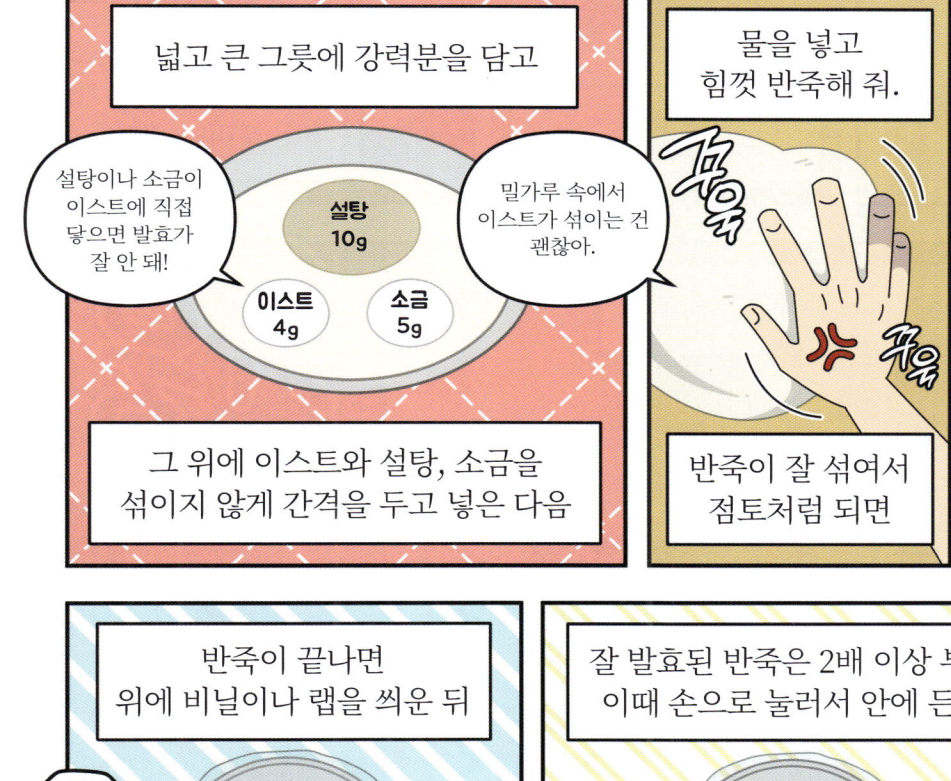

넓고 큰 그릇에 강력분을 담고

설탕이나 소금이 이스트에 직접 닿으면 발효가 잘 안 돼!

밀가루 속에서 이스트가 섞이는 건 괜찮아.

그 위에 이스트와 설탕, 소금을 섞이지 않게 간격을 두고 넣은 다음

물을 넣고 힘껏 반죽해 줘.

반죽이 잘 섞여서 점토처럼 되면

올리브 오일을 넣고 한 번 더 반죽해.

① 반죽이 끝나면 위에 비닐이나 랩을 씌운 뒤
한 시간 이상 1차 발효를 시켜줘야 하지.

잘 발효된 반죽은 2배 이상 부풀어 오르는데,
이때 손으로 눌러서 안에 든 가스를 빼주고

② 15분 정도 2차 발효를 시켜주면
도우 만들기 끝!

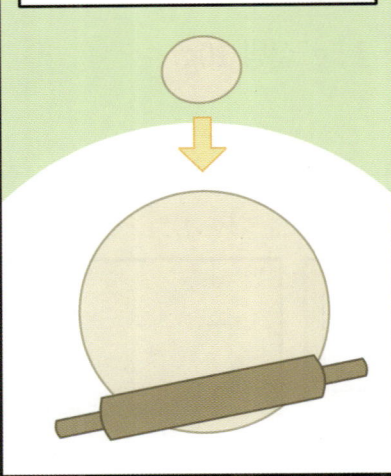
밀대로 반죽을 가로, 세로로 밀어서 동그란 모양으로 펴 줘.

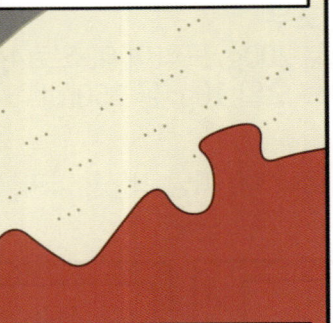
반죽을 다 폈으면 포크를 써서 반죽에 구멍을 내고 토마토 소스를 그 위에 잘 발라준 다음

버섯과 양파, 햄 등 준비한 토핑을 올린 뒤 3회전의 주제, 치즈! 모짜렐라 치즈를 가득 뿌리는 거야.

180℃로 예열된 오븐에서 20분 이상 구워주면

우웅

짠! 따끈따끈하고 맛있는 피자 완성~!

노릇 노릇

 주로 작가 — 만드는 것보다는 먹는 것을 더 좋아합니다. 좋아하는 음식은 김치볶음밥! 단지의 우당탕탕 요리 대회 도전기! 지켜봐 주세요.

앗, 가방에 달린 네잎클로버 키링은…?

그림마다 한 개씩 숨어있는 숫자도 찾아봐!

① $\dfrac{5}{3}$? 2

② $1\dfrac{2}{8}$? $\dfrac{7}{8}$

봉인된 기억, 잠금 해제!

"나, 블루홀의 마법 진주가 있어!"
보석 속에 뭔가 갇히거나 묶였을 때 그걸 꺼내는 마법 주문이 있었는데….
그래, 생각났다! 나는 마법 지팡이를 휘두르며 외쳤어.
"롬로포!"

마법 진주 속에서 나타난 문제를 풀어 앙굴루스 왕의 기억에 걸린 마법을 풀어라.
수의 크기를 비교하여 부등호 < 혹은 >를 넣으면 된다.

조각난 기억의 퍼즐

"크윽…!"

봉인이 풀리자, 앙굴루스 왕은 머리를 감싸 쥐며 주저앉았어. 그와 동시에 풍경은 순식간에 불타는 들판으로 변했지. 앗, 그런데 건너편 언덕 위에 있는 저건…, 유니콘을 타고 있는 마법사?

조각난 기억을 다시 맞추면 마법사의 정체가 드러난다. 그림자 모양과 일치하는 기억 조각을 찾아 선으로 이어라.

"루스! 괜찮아?!"

어디선가 분더의 목소리가 들렸어. 오르비아 공주와 원 마법사도 함께였어. 그 많던 병사들을 어떻게 뚫고 여기까지 온 거지?

"병사들을 한참 막아내고 있었는데, 갑자기 갑옷만 남기고 모두 사라졌지 뭐야? 그래서 바로 올라와 봤지."

병사들도 앙굴루스 왕이 마법으로 만든 거였나 봐. 어느새 풍경 마법도 완전히 사라졌어.

"기억났다…"

앙굴루스 왕은 나지막이 내뱉었어.

"붉은 뿔에 잿빛의 몸…, 파란색 날개를 가진 유니콘이었어…!"

앙굴루스 왕의 목소리가 떨렸어.

"그럼, 이제 다른 유니콘들은 풀어줄 거지?"

나는 희망을 담아 물었어. 하지만 앙굴루스 왕은 망설이는 것 같았어.

"…우리가 그 녀석을 찾을 수 있게 도와줄게, 언니!"

오르비아 공주가 외쳤어.

"잠깐, '언니'라고?"

앙굴루스 왕은 천천히 투구를 벗었어. 그런데 세상에, 오르비아 공주랑 똑같이 생겼잖아?!

앙굴루스 왕이…, 오르비아 공주의 언니? 15호에서 계속

수박을 공평하게 나눠 먹는 방법은 무엇인가요?

저는 시원하고 달콤한 수박을 먹을 수 있는 여름을 좋아해요. 친구들과 수박을 나눠 먹으려고 하는데…, 어라? 제가 가진 수박 조각만 크기가 작아요. 친구들과 똑같은 크기로 수박을 나누려면 어떻게 해야 할까요?

글 장경아 객원기자 진행 최송이 기자(song1114@donga.com) 디자인 김은지 일러스트 김태형 사진 GIB
#슈퍼M #생활수학 #수박 #분수 #비교

부채꼴 수박 한 조각, 공평할까?

'수박 한 조각'이라는 말을 들으면 어떤 모양이 생각나나요? 아마도 피자 한 조각처럼 생긴 모양이 떠오를 거예요. 피자는 평평한 원 모양이기 때문에 똑같은 크기로 나누기 쉬워요. 피자의 한 조각처럼 원의 중심과 두 반지름, 호로 이뤄진 도형을 '부채꼴'이라고 하지요.

그런데 수박은 피자와 달리 '구' 모양에 가까운 입체도형이에요. 구는 중심으로부터 구 표면까지의 거리(반지름)가 항상 같지요.

구 모양의 수박을 부채꼴 모양으로 자르는 과정은 보통 다음과 같아요. 먼저 수박 한 통을 절반으로 잘라요. 그다음 수박 한 통의 $\frac{1}{2}$을 다시 반으로 잘라요. 그럼 수박 한 통이 $\frac{1}{4}$ 크기의 네 조각으로 나뉘어요. 수박 한 통의 $\frac{1}{4}$ 조각을 끝에서부터 차례대로 자르면 여러 개의 부채꼴 모양 수박 조각이 나오지요.

그런데, 이렇게 자른 부채꼴 모양의 수박 한 조각은 각각 크기가 달라요. 가운데에 있는 조각이 가장 크고, 가장자리로 갈수록 크기가 작아지거든요. 만약 이렇게 자른 수박을 여러 사람이 나누어 먹는다면, 조각마다 크기와 맛이 다르니 공평하게 먹을 수 없을 거예요.

수박을 똑같은 크기로 자르려면?

수박 한 통을 친구들과 똑같은 크기로 공평하게 나눠 먹을 수 있도록 자르려면 어떻게 잘라야 할까요? 분수를 통해 알아봐요.

자르지 않은 수박 한 통을 '1'이라고 해봐요. 이 수박을 똑같이 반으로 자르면, 커다란 두 조각으로 나뉘어요. 각 조각은 원래 수박의 절반인 $\frac{1}{2}$ 크기예요.

$\frac{1}{2}$ 크기의 두 조각을 다시 반으로 잘라요. 원래 수박의 $\frac{1}{4}$ 크기인 네 조각이 돼요. 네 조각의 크기와 모양이 서로 같지요.

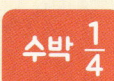

$\frac{1}{4}$ 크기의 수박 조각을 다시 세로로 절반씩 잘라요. 수박 $\frac{1}{4}$ 을 다시 또 반으로 잘랐으니 $\frac{1}{8}$ 크기의 8조각이 돼요.

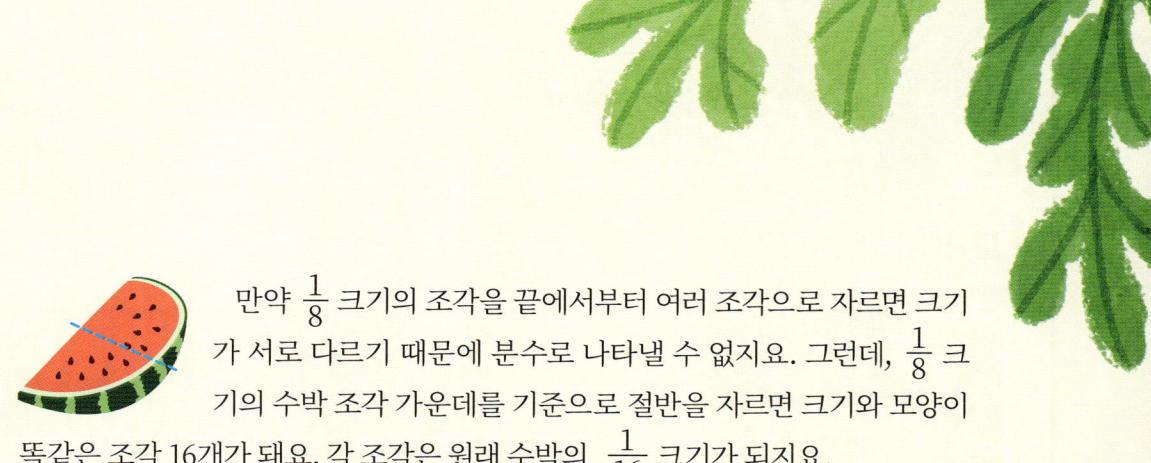

만약 $\frac{1}{8}$ 크기의 조각을 끝에서부터 여러 조각으로 자르면 크기가 서로 다르기 때문에 분수로 나타낼 수 없지요. 그런데, $\frac{1}{8}$ 크기의 수박 조각 가운데를 기준으로 절반을 자르면 크기와 모양이 똑같은 조각 16개가 돼요. 각 조각은 원래 수박의 $\frac{1}{16}$ 크기가 되지요.

수박 $\frac{1}{16}$

이렇게 자르면 모든 사람이 크기와 모양 똑같은 수박 조각을 먹을 수 있어요. 또 모든 수박 조각이 가운데와 끝부분을 동시에 가지고 있어서 어떤 사람만 맛있는 부분을 먹게 되는 일도 없지요. 맛도 크기도 공평하게 나눈 거예요!

※ 생활 속 해결하고 싶은 수학 궁금증이 있다면 슈퍼M에게 메일을 보내주세요. asksuperm@gmail.com로 신청자의 이름, 연락처와 함께 사연을 보내면 됩니다. 사연이 채택된 신청자에게는 소정의 선물을 드려요!

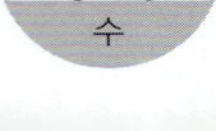

올림픽 배드민턴 경기 규칙

배드민턴은 총 3번의 게임으로 진행되고, 이중 두 게임을 먼저 이기는 사람 혹은 팀이 최종 승리해요. 한 게임당 21점을 먼저 얻으면 이기고, 20:20으로 동점인 경우에는 한쪽이 연이어 2점을 더 얻어야만 이길 수 있지요. 최대 30점이 날 때까지 경기를 연장하고, 30점을 먼저 얻는 쪽이 나오면 바로 경기를 종료해요.

또, 서브(한 사람이 먼저 셔틀콕을 쳐서 상대방에게 보내는 것)를 넣을 때는 반드시 대각선 방향으로 쳐야 해요. 서브하는 사람의 점수가 짝수라면 오른쪽, 홀수라면 왼쪽에서 치지요. 대각선 방향으로 치지 않으면 반칙이 되어 상대방이 1점을 얻게 돼요.

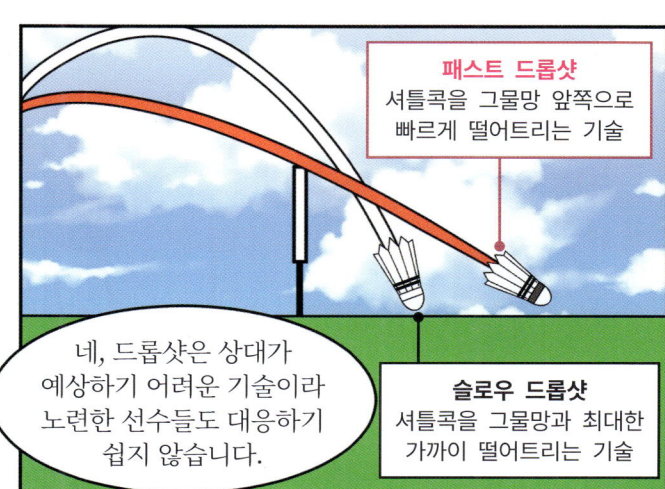

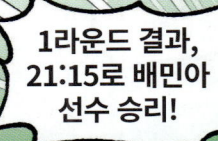

분모가 같은 분수의 크기 비교

분모가 같은 진분수, 가분수의 크기를 비교할 때는 분자의 크기를 비교하면 돼요. 분모가 같을 때 분자가 클수록 더 큰 분수이지요. $\frac{2}{10}$, $\frac{1}{10}$, $\frac{7}{10}$은 분모가 10으로 같고 분자의 크기는 7>2>1 순으로 크기 때문에 분수의 크기는 $\frac{7}{10} > \frac{2}{10} > \frac{1}{10}$과 같아요.
만약 분모가 같은 대분수끼리 크기를 비교하려면 먼저 자연수 부분의 크기를 비교해야 해요. $3\frac{6}{10}$과 $2\frac{3}{10}$은 자연수가 3>2이므로 $3\frac{6}{10}$이 더 큰 수예요. 자연수 부분과 분모가 모두 같으면 분자가 클수록 더 큰 분수이지요.

VR★ 가상현실(Virtual Reality)이라는 뜻이에요. 컴퓨터로 만들어 놓은 가상의 세계에서 사람이 실제와 같은 체험을 하게 하는 최첨단 기술이지요.

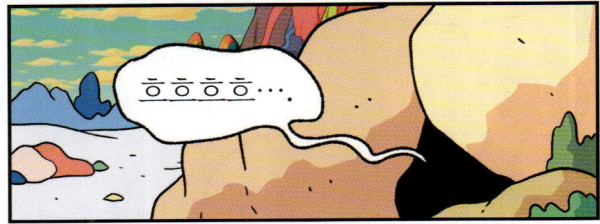

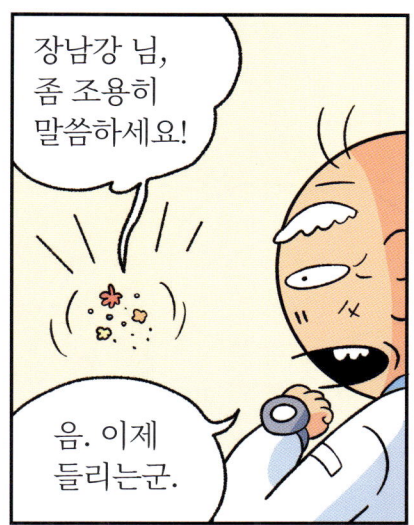

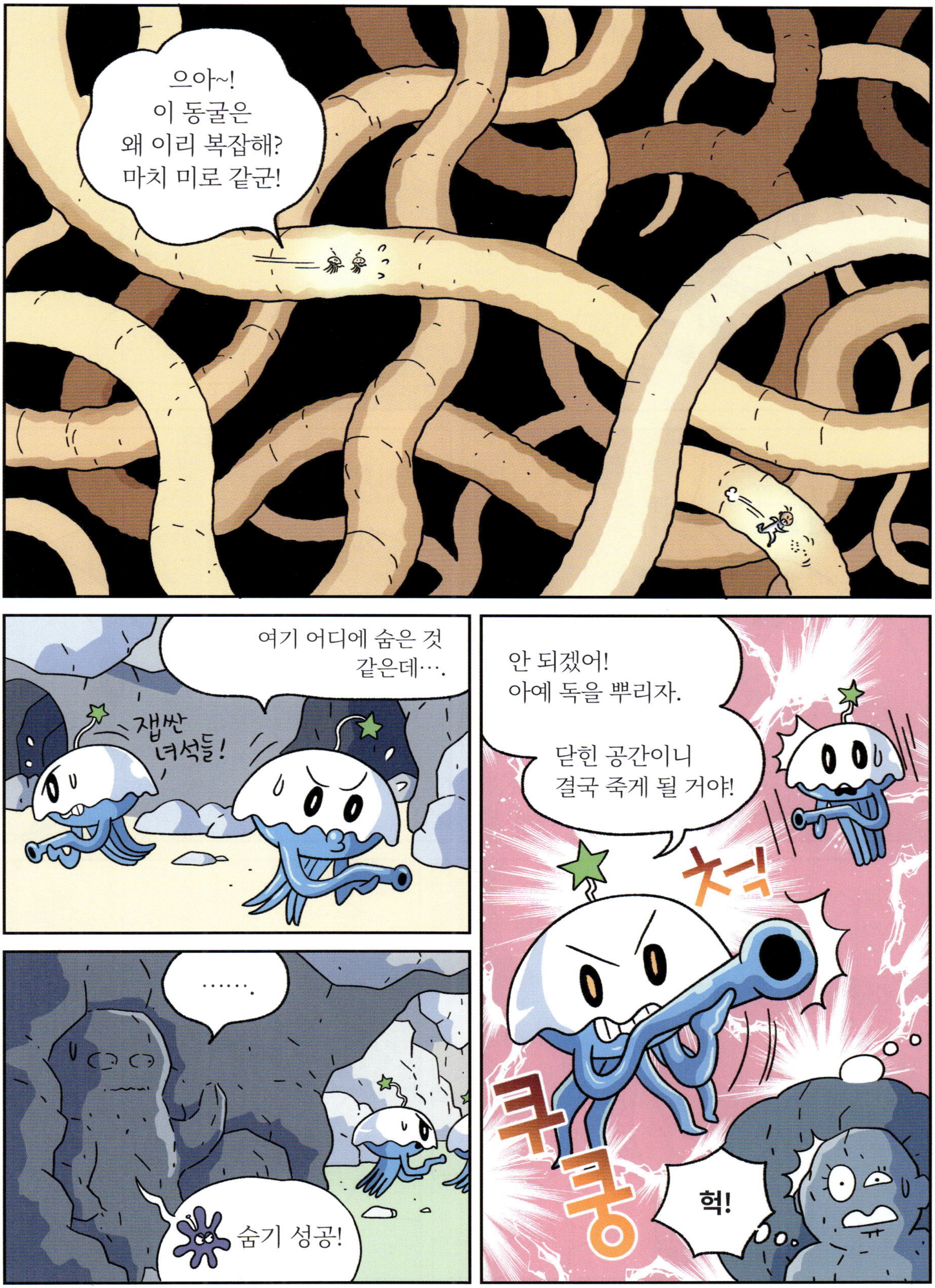

장남강, 이번에도 살아남을 수 있을까?

수리국 신한지의 비밀
- 신명놀이단의 속임수 -

글·그림 이은섭 콘텐츠 최은솔 기자(eunsolcc@donga.com)

강산 — 축구는 재밌지만 수학은 어렵기만 하다. 하지만 누구보다 솔직하고 정의로운 초등학생.

신한지 — 수리국의 수학자로 모두가 알아볼 정도로 인기가 많다. 어느날 강산과 영혼이 뒤바뀐다.

홍단 — 백성들에게 재밌는 놀이를 소개하는 '신명놀이단'의 수장. 하지만 어딘가 수상하다.

두름★ 굴비 같은 물고기를 짚으로 한 줌에 열 마리씩 두 줄로 엮은 것을 말해요.

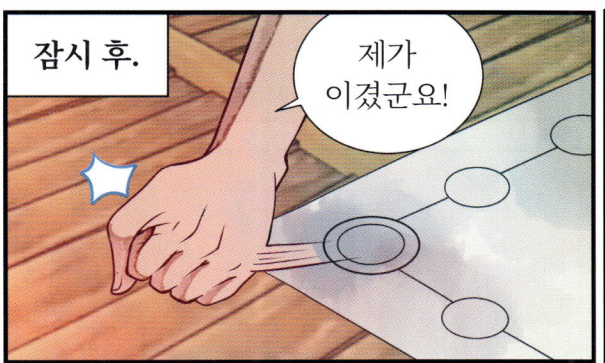

윷놀이 속 분수

윷놀이는 두 팀이 번갈아 가며 윷가락 4개를 던지고, 결과에 따라 말을 움직이는 놀이예요. 윷가락을 던졌을 때 나오는 모양은 도, 개, 걸, 윷, 모의 5가지예요. 도는 윷가락의 $\frac{1}{4}$개가 뒷면, 개는 $\frac{2}{4}$개가, 걸은 $\frac{3}{4}$개가, 윷은 윷가락이 모두 뒷면으로 나오는 거예요. 한편, 모는 모든 윷가락의 앞면이 나오지요. 도, 개, 걸, 윷, 모가 나오는 가짓수는 총 16개인데, 이중 개가 나오는 경우가 6개로 가장 많지요.

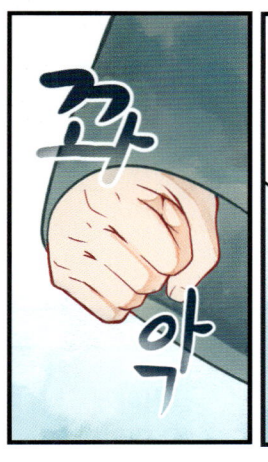

이럴 수가…!
결과는 공평하게
나오는 게 아니었어.

신명놀이단은 자신들에게 유리하게, 나올 가능성이 가장 높은 개를 선택하는 거야!

다음 분!

잠깐!

꿀꺽! 생활 속 수학두입

도토리 슈퍼 29,900원
여름아, 와라! 슬리퍼 40% 세일!

폭스마켓 28,700원
슬리퍼가 2+1! 두 개 사면 하나가 공짜!

SALE 선택은?

40% 할인이냐, 2+1이냐! 그것이 문제로다!

도토리 숲 최고의 '짠돌이'로 유명한 토끼 아저씨. 오늘은 고민 끝에 토끼 삼남매에게 줄 슬리퍼 3켤레를 사려고 해요. 때마침 도토리 슈퍼에서 슬리퍼를 40% 할인하고 있네요. 잠깐! 폭스마켓에선 슬리퍼 2+1 행사 중이에요. 어느 슈퍼에서 사야 이득일까요? 토끼 아저씨의 선택은?!

글 박건희 기자(wissen@donga.com) 디자인 김은지 일러스트 소노수정
#분수 #백분율 #할인율 #득표율 #타율 #농도

슬리퍼 1켤레에 40% 할인이라고? 그럼 얼마지?

29,900원에서 40%를 할인하면 얼마?

'%'는 백분율을 나타내는 기호예요. '퍼센트'라고 읽지요. 백분율은 전체를 100으로 생각할 때, 그중 얼마만큼을 차지하는지 나타낸 값이에요. 예를 들어, 40%는 100 중에서 40만큼을, 60%는 100 중에서 60만큼을 차지한다는 뜻이지요. 이를 분수로 나타내면 각각 $\frac{40}{100}$, $\frac{60}{100}$ 이에요.

그렇다면 40% 할인된 슬리퍼의 가격은 얼마일까요? 원래 가격인 29900원의 $\frac{1}{100}$ 은 299원이고, 40%는 $\frac{1}{100}$ 이 40개인 것과 같으니까 299×40의 값인 11960원을 깎아 주는 거예요. 원래 가격 29900원에서 11960원을 뺀 17940원이 바로 한 켤레의 가격이지요. 아래와 같은 계산식으로 구하면 편해요.

(할인 금액) = (원래 가격) - (원래 가격) × $\frac{\text{할인하는 양}}{100}$ '할인율'이라고 해!

이 가격을 폭스마켓의 2+1의 행사 가격과 비교해 볼까요? 토끼 아저씨는 슬리퍼를 3 켤레 사려고 하지요. 2+1은 슬리퍼 2켤레를 사면 1켤레를 공짜로 준다는 뜻이니까, 28700원인 슬리퍼 두 켤레의 가격만 계산하면 돼요.

 40% 할인 슬리퍼 3켤레 가격   17940 × 3 = 53820원!

 2+1 행사 슬리퍼 3켤레 가격   28700 × 2 = 57400원!

아, 이제 내가 어디서 사야 더 저렴한 건지 알겠군, 흐흐.

백분율, 어디 어디 있을까?

득표율

숙 30%   민구 70%
말도 안 돼!   나의 압도적인 승리!

전체 표의 수를 100이라고 생각할 때, 100표 중 몇 표를 얻었는지 나타낸 거예요.

$\frac{\text{각 후보가 얻은 표의 개수}}{\text{전체 표의 개수}} \times 100$ (%)

타율

야구에서 타자(공을 치는 선수)가 몇 개의 안타(공이 안전하게 베이스에 도달하도록 치는 것)를 성공했는지 나타낸 걸 타율이라고 해요. 보통 소수로 바꿔 나타내지요.

$\frac{\text{안타의 수}}{\text{전체 타수}} \times 100$

농도

용액★의 진하기를 나타내는 거예요. 예를 들어, 설탕과 물을 섞은 설탕물 속에 설탕이 얼마나 들었는지 알 수 있지요.

$\frac{\text{용액에 녹아있는 물질의 양}}{\text{전체 용액의 양}} \times 100$ (%)

용액★ 두 개 이상의 물질이 액체 상태로 섞여 있는 걸 말해요. 소금물, 설탕물 등이 있지요.

알쏭달쏭 똥손 파티세리*

바나나 $2\frac{1}{2}$개, 아몬드 $\frac{6}{5}$컵 ?!

똥손 기자는 생일을 맞아 친구들과 함께 먹을 케이크를 만들려고 해요. 어라, 그런데 케이크 요리법에 적힌 숫자가 알쏭달쏭해요. 재료의 양을 어떻게 구해야 할까요?

글 박건희 기자(wissen@donga.com) **디자인** 김은지 **사진** GIB, 어린이수학동아
#수학체험실 #대분수 #분수_계산 #계량 #단위

<알고 보면 달콤해! 바나나 초콜릿 케이크 요리법>

- 잘 익은 바나나 — $2\frac{1}{2}$개
- 달걀 — 3개
- 아몬드 가루 — $\frac{6}{5}$컵 (★미국 기준)
- 베이킹 파우더 — $\frac{1}{2}$큰술
- 카카오 가루 — 아몬드 가루의 $\frac{5}{9}$ 만큼
- 설탕 — 카카오 가루와 같은 양

이건 과연 얼마만큼일까?

Sweet Dessert

파티세리* 케이크나 파이 등을 파는 케이크점이에요.

$1\frac{1}{2}$컵은 몇 그램일까?

맛있는 케이크를 만들기 위한 첫걸음! 바로 재료를 정확히 '계량'하는 거예요. 계량은 어떤 물체의 부피★나 무게를 잰다는 뜻이지요. 밀가루 몇 그램(g), 설탕 몇 그램이 들어가는지 알고, 정확히 그 양만큼 넣어야 요리법이 알려주는 대로 케이크를 완성할 수 있답니다.

그런데, 요리법에 쓰이는 계량 단위는 나라마다 달라요. 우리나라는 mL(밀리리터)와 g(그램)을 주로 사용해요. 큰술, 작은술이라는 단위도 자주 쓰이는데, 큰술은 밥숟가락보다 약간 더 큰 숟가락으로 재료를 뜬다는 의미예요. 1큰술은 약 15mL 또는 15g이지요. 작은술은 1큰술의 약 $\frac{1}{3}$이에요.

미국은 '컵' 단위를 많이 사용해요. 1컵, 또는 1컵보다 조금 적은 $\frac{2}{3}$컵, 1컵의 절반인 $\frac{1}{2}$컵 등으로 재료의 양을 나타내지요. 액체★일 때 1컵은 약 240mL, 고체일 땐 약 125g이에요. 아몬드 가루 $\frac{6}{5}$컵은 1컵 하고도 $\frac{1}{5}$컵을 더 넣는다는 뜻이니까, 125g(1컵)에 25g($\frac{1}{5}$컵)을 더한 150g이지요.

단, 영국과 호주의 1컵은 250mL로, 미국의 1컵보다 조금 더 많아요. 반면, 일본의 1컵은 200mL 정도를 의미한답니다.

자, 그러면 바나나 초콜릿 케이크 요리법 속 재료의 양을 g으로 바꾸고, 케이크를 구워 볼까요?

부피★ 넓이와 높이를 가진 물건, 즉 입체도형이 차지하는 공간의 크기예요.
액체★ 물이나 우유처럼 흐르며 움직이고, 담는 그릇에 따라 모양이 변하는 물질을 말해요. 반면 고체는 나무나 얼음처럼 담는 그릇이 바뀌어도 모양과 크기가 변하지 않는 물질이지요.

정답은 다음 쪽에!

〈바나나 초콜릿 케이크〉

잘 익은 바나나 : 2개하고도 반 개
달걀 : 3개
아몬드 가루 : 150 g
카카오 가루 :   g
설탕 :   g
베이킹 파우더 :   g

달콤한 냄새가 폴폴~!
바나나 초콜릿 케이크

밀가루가 없어도, 오븐이 없어도 케이크를 만들 수 있다?! 바나나와 달걀, 아몬드 가루의 양을 정확히 계량해서 맛있는 케이크를 만들어 봐요.

준비물

- 전자저울
- 계량컵이나 계량스푼
- 그릇
- 숟가락
- 설탕 60g
- 칼
- 바나나 $2\frac{1}{2}$개
- 달걀 3개
- 아몬드 가루 150g
- 카카오 가루 60g
- 베이킹 파우더 7.5g

1 바나나 2개의 껍질을 벗기고, 그릇에 담아 숟가락으로 눌러 으깨요.

2 으깬 바나나에 설탕 60g을 넣고 잘 섞어요.

2에 달걀 3개를 넣고 잘 섞어요. 거품기를 이용하면 더 편해요.

베이킹 파우더를 7.5g 넣어요. 전자저울을 사용하거나 계량스푼을 사용하면 정확히 잴 수 있어요.

카카오 가루 60g을 조금씩 넣으면서 뭉치지 않도록 잘 섞어요. 그 다음 아몬드 가루 150g을 섞어서 반죽을 만들어요.

완성된 반죽을 전자레인지용 그릇에 옮겨 담고, 표면이 평평해지도록 숟가락으로 잘 눌러요.

8분~8분 30초
전자레인지
(1000w)

꺼낼 때 뜨거우니 조심하세요!

남은 반 개의 바나나를 동그랗게 자른 뒤 반죽 위에 올려요. 칼을 이용할 땐 반드시 어른의 도움을 받으세요. 전자레인지에서 8분 정도 익히면 완성!

옥톡과 달냥의 우주 탐험대

글 조현영 기자(4everyoung@donga.com)
콘텐츠 김준수(과학동아 천문대)
디자인 오진희 **일러스트** 김태형, GIB **사진** NASA
#명왕성 #뉴_호라이즌스_호 #왜소행성 #지름 #동전

태양 　 수성 　 금성 　 지구 달

안녕? 우린 우주인이 되기 위해 특수훈련을 마친 옥톡과 달냥이야. 어느 날, 우주 저 멀리에 있는 외계인으로부터 신호가 왔어. 당장 그들을 만나러 갈 거야! 우린 우주를 떠돌아다니는 여러 탐사선에서 부품을 모아 우주에서 최고로 멋진 우주선을 만들기로 했어.

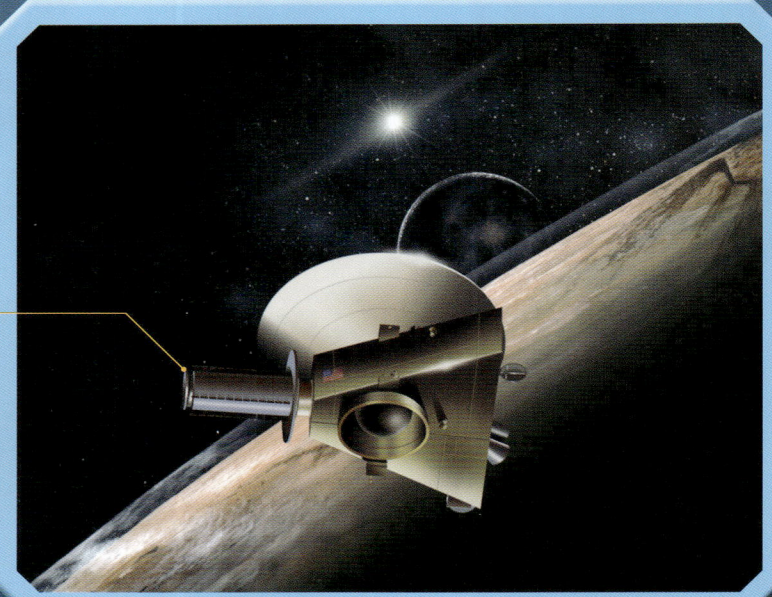

동전 획득!
뉴 호라이즌스 호에는 명왕성을 발견한 천문학자 클라이드 톰보의 유골함과 동전 한 닢이 실려 있어요. 고대 그리스에서는 누군가 죽으면 강을 건너 지하세계로 갈 때, 뱃사공에게 동전을 줘야 한다고 믿었지요.

뉴 호라이즌스 호

2006년 미국이 발사한 뉴 호라이즌스 호는 명왕성을 탐사한 유일한 탐사선이에요. 명왕성은 태양으로부터 약 **60억km** 떨어져 있어요. 뉴 호라이즌스 호가 지구에서 출발해 명왕성에 가까이 다가가기까지 9년 5개월 25일이 걸렸지요.

우주선 에너지 충전 미션

명왕성의 지름은 달의 지름의 $\frac{2}{3}$ 예요. 그렇다면 달의 지름은 대략 어느 정도일까요?

① 2800km
② 3000km
③ 3500km

명왕성

명왕성은 원래 태양계의 아홉 번째 행성으로 꼽혔어요. 하지만 2006년 국제천문학연합 회의에서 과학자들은 명왕성을 행성이 아닌 왜소행성(행성보다 작은 천체)으로 부르기로 했지요. 명왕성의 지름*은 약 **2380km**로, 달의 $\frac{2}{3}$에 불과해요.

용어 설명

지름* 원의 중심을 지나면서 원 둘레 위의 두 점을 잇는 선분이에요.

담당 최은솔 기자
(eunsolcc@donga.com)

 보드게임

1

나무받침과 카드 80장, 16조각으로 이뤄진 큐브가 색깔별로 4세트씩 있어요. 카드는 문양이 보이지 않도록 뒤집어서 쌓아요.

2

1회에 3라운드씩 총 3회, 9번의 게임을 진행해요. 나무받침 위에 큐브를 놓아서 카드 속 문양과 똑같은 문양을 만드는 게임이에요.

3

큐비츠!

1라운드는 문양을 가장 먼저 완성한 사람이 이겨요. 카드를 뒤집고, 큐브를 이리저리 돌려 문양을 완성하면 '큐비츠'라고 외치고 카드를 얻어요.

큐비츠
공간27
gonggan27.com
49,000원
이용 연령 | 8세 이상
참여 인원 | 2~4명

6

내가 승리!

9회까지 모든 게임이 끝난 뒤, 가장 많은 카드를 얻은 사람이 승리해요!

5

큐비츠!

3라운드는 카드를 뒤집고 10초 동안 문양을 외워요. 다시 카드를 보이지 않게 뒤집고, 기억을 떠올리며 문양을 완성해요. 먼저 완성한 사람이 카드를 얻어요.

4

2라운드는 큐브의 윗면만 사용해요. 모든 큐브를 굴린 뒤 나온 윗면만을 사용해 문양을 만들어요. 더 사용할 큐브가 없으면 다시 굴려요.

➕ 놀면서 배우자!

- ➕ 큐브의 각 면에 그려진 도형을 외워요. 흰 면과 색깔 면이 각각 1개, 원 모양 면 2개, 대각선 모양 면이 2개로 총 6개 모양이 있어요. 도형을 외우면 상대방보다 빠르게 큐브를 맞출 수 있어요.
- ➕ 카드의 패턴을 16개 부분으로 나누어 파악해요. 카드는 가로 4줄, 세로 4줄로 16개의 부분으로 이뤄져 있어요. 만약 카드에 원 도형이 3개가 있다면, $\frac{3}{16}$이 원 도형이라는 것을 파악하고 원 도형을 먼저 배치해요.

 **영상**

빵 자르고 나누며 분수 배우자!

식빵 3개를 접시 4개에 나누어 담으려면 어떻게 해야 할까요? 우선 식빵 2개를 반으로 나눠요. 반쪽짜리 식빵 4조각을 접시에 하나씩 두고, 남은 빵 1개를 4조각으로 나눠서 한 접시에 1조각씩 둬요. 그럼 접시 하나당 빵 $\frac{1}{2}$개와 $\frac{1}{4}$개가 놓이게 되지요. 이집트에서도 공평하게 음식을 먹기 위해 분수를 사용했다는데, 영상을 통해 함께 알아볼까요?

 **책**

수학탐정 매키와 수학도둑 누팡의 대결 1 : 수와 연산

정완상 글 | 김예림 그림 | 수와북 | 15,000원

평화로운 도시에 수학을 이용해 도둑질하는 누팡이 등장했어요! 천재 수학 탐정 매키는 형사를 도와 누팡이 벌이는 사건들을 해결해 나가요. 매키는 차 번호판을 보고 규칙 찾기, 피보나치 박사 구출하기 등 13가지 사건을 해결하며 수학 능력을 뽐내지요. 매키와 누팡의 수학 대결에서 과연 누가 이길지 확인해 보세요.

 **책**

권일용 프로파일러의 사라진 셜록 홈즈 1: AI 탐정단 결성!

한주이 글 | 강신영 그림 | 아울북 | 16,800원

사라진 셜록 홈즈를 찾아라! 홈즈가 가상의 세계인 메타버스로 사라진 후, 권일용 프로파일러는 메타버스에 접속해 새로운 명탐정이 돼요. 범죄 현장에 남겨진 증거나 규칙을 분석하는 프로파일링을 활용해 사라진 홈즈를 찾아 나가지요. 과연 권일용 프로파일러는 홈즈를 찾을 수 있을까요?

 **영상**

색종이 3등분으로 접기

색종이를 3등분하려면 우선 색종이를 대각선 방향으로 반으로 접었다 펴요. 접힌 선에 맞춰 한 쪽을 직각삼각형 모양으로 접었다 펴고, 생긴 선에 맞춰 반대쪽도 큰 직각삼각형이 되도록 접어요. 이때 색종이의 한 변 위에 생기는 점이 바로 정확하게 $\frac{1}{3}$이 되는 곳이에요. 영상으로 확인하세요!

※ 과몰입러: 뭔가에 깊이 빠진 사람을 재밌게 부르는 유행어.

- 먹을 만큼 담아 보자! -

글·그림 최수경 콘텐츠 최송이 기자(song1114@donga.com)

 최수경 작가 애니메이션과 웹툰을 그리고 있습니다. 개성 있고 사랑스러운 그림으로 사람들을 행복하게 해주고 싶어요. :)

먹고 싶은 음식의 양을 분수로 나타내 보세요!

<어린이수학동아>가 찾아갑니다!

<어린이수학동아>를 정기구독으로 만나보세요. 한 달에 두 번 최신 호를 가장 빠르게 받아볼 수 있습니다. 1년을 구독하면 초등 수학의 모든 영역을 담은 <어린이수학동아> 24권을 모두 받을 수 있어요. 또, 정기구독 독자에게만 드리는 혜택도 누릴 수 있어요!

★ **정기구독으로 초등 수학 완전 정복!**

연간 교과 연계 구성	1월	2월	3월	4월	5월	6월
	수의 자리	덧셈	곱셈	뺄셈	나눗셈	분수
	모으기, 가르기	덧셈	곱셈	뺄셈	나눗셈	분수
	7월	8월	9월	10월	11월	12월
	소수	시간과 달력	각도	사각형	분류하기	규칙 찾기
	길이, 들이, 무게	원	삼각형	다각형	그래프	규칙 찾기

※ 정기구독 신청일 기준으로 해당 월호가 배송되며 1년 중 24권을 모두 받을 수 있습니다.

어린이수학동아 정기구독 혜택 100% 누리기!

정기구독 신청 (02)6749-2002

기자단 활동
★ 전국 과학관 및 박물관 상시 무료 입장
★ 내가 쓴 기사를 현직 기자가 첨삭!
★ 기사와 체험 활동은 포트폴리오로 관리

팝콘플래닛

연장회차별 할인쿠폰 지급
★ 연장 구독 시 5,000원부터 최대 15,000원까지 즉시 할인 가능한 쿠폰 제공

DS 스토어

더욱 새로워진 d라이브러리
★ 정기구독 인증하면 무제한 PASS 제공
 (자녀 인증시, 1+1 증정!)
★ 모든 매거진 기사, 학습만화, 전자책까지!
 동아사이언스의 오리지널 시리즈 제공
★ **콘텐츠 이용 패턴 분석**을 통한 맞춤형 **교과 연계 콘텐츠 및 진로 추천**

d라이브러리

시민과학 프로젝트 참여 기회 제공
★ 이화여대 장이권 교수와 함께하는 **지구사랑탐사대 우선 선발**
★ AAAS 국제과학언론상 수상! **우리동네 동물원 수비대 우선 선발**
★ 줍깅! 분리배출! 플라스틱 일기까지! **플라스틱 다이어트 프로젝트 참여**

어수동 × 어과동 기자단 가입하고
86개 전국 과학관·박물관 취재하세요!

<어린이수학동아>를 정기구독해서 보는 친구에게는 정말 좋은 혜택이 있어요! 바로 어린이수학동아 × 어린이과학동아 기자단 활동! 기자는 원하는 정보를 얻기 위해 해당 분야 전문가를 만나 취재하고 기사를 쓰죠. 친구들도 <어수동> 기자처럼 전국 86개 과학관과 박물관에 무료 입장해 취재하고 기사를 쓸 수 있어요. 기사를 써서 팝콘플래닛 '기사콘'에 올리면 <어수동> 기자가 직접 첨삭해 기사를 출고합니다. 기자단에 가입하고 꼭 기자단 혜택을 누리세요!

기자단에 가입하면 얻는 혜택

혜택 1 · 86개 — 전국 주요 과학관 및 박물관 무료 또는 할인 입장
혜택 2 · 첨삭 — 현직 기자의 글쓰기 첨삭 지도
혜택 3 · 취재 — 다양한 현장 취재 참여
혜택 4 · 포트폴리오 — 내가 쓴 기사를 내려받을 수 있는 포트폴리오 제공

앱 설치하고 모바일 기자단증을 받으세요!

가나아트파크	국립중앙박물관	서울시립과학관	종이나라박물관	강화자연사박물관
국립해양생물자원관	서울함공원	BMW주니어 캠퍼스	거창월성우주창의과학관	김천녹색미래과학관
섬진강어류생태관	이화여자대학교 자연사박물관	경기도어린이박물관	나로우주센터 우주과학관	책과인쇄박물관
경기북부어린이박물관	대전목재문화체험장	소리체험박물관	경기도박물관	창원과학체험관
다이나믹메이즈(서울인사동점)	수원시립아이파크미술관	뮤지엄그라운드	동아일보 신문박물관	코리아나 화장박물관
한국자연사박물관	둘리뮤지엄	어메이징파크	콩세계과학관	수소안전뮤지엄
한국초콜릿연구소 뮤지엄(곡성점)	예천천문우주센터	포마 자동차 디자인 미술관	태백고생대자연사박물관	구미과학관
목포어린이바다과학관	우석헌자연사박물관	양평곤충박물관	국립과천과학관	용인곤충테마파크
파주나비나라박물관	국립광주과학관	뮤지엄김치간	인천어린이과학관	한국만화박물관
박물관은살아있다(서울인사동점)	전곡선사박물관	한국초콜릿연구소 뮤지엄(가평점)	국립대구과학관	국립부산과학관
국립대구기상과학관	사비나미술관	은산어울림생태박물관	서대문자연사박물관	조명박물관
삼성화재모빌리티뮤지엄	제주항공우주박물관	국립중앙과학관	해남공룡박물관	아침고요수목원
전라남도해양수산과학관	은평역사한옥박물관	의왕조류생태과학관	그대, 나의 뮤즈(강릉점)	스토리스튜디오X 스토리라이브러리
제주 로봇플래닛	땅끝해양자연사박물관	람사르고창갯벌센터	러닝맨체험관(부산점)	러닝맨체험관(강릉점)
키즈마린파크	고양어린이박물관	애니메이션박물관	부산칠드런스뮤지엄	목인박물관 목석원
한택식물원	키자니아(서울)	키자니아(부산)	한국조리박물관	목포자연사박물관
보성비봉공룡공원	세계다문화박물관	아산퍼스트빌리지 공룡월드	온양민속박물관	현대 모터스튜디오 고양
코리아나미술관				

※상설전시관 기준, 모바일 기자단증 제시 필수

어린이 수학동아 편집부 ♥ 후기 ♥

😎 **최은혜 편집장**
피톤치드로 샤워하고 맑은 계곡물에 발 담그면, 힘들었던 기억은 싹~ 잊히는 기분~!
(사진은 수락산입니다. 🙂)
#굿바이_건희 #어수동을_잊지_마

😆 **최송이 기자**
사랑하는 후배를 또 떠나보냅니다. 그래도 이번엔 멀리 보내지 않아서 다행이에요. 지금처럼 매일 보지는 못하더라도, 자주 볼 수 있길 바라며! 건희 기자의 앞날에 행복한 일만 가득하길 언제나 응원할게요.♥

😄 **박건희 기자**
2년 4개월 동안 〈어린이수학동아〉와 함께여서 행복했습니다. 그간 〈어수동〉의 다양한 코너를 통해 만난 소중한 우리 작가님, 독자님들, 반가웠고 고마웠습니다! 꼭 다시 만나요.♥

🤡 **조현영 기자**
늦은 오후의 여름 햇살이 도시에 드리운 게 너무 예뻐서 바로 휴대폰을 꺼내 찍었습니다! 한국의 여름은 정말 아름다워요. 외국 이곳저곳을 여행해 봤지만, 아무래도 한국의 풍경이 가장 아름답다고 생각합니다.
#박기자와의_마지막_여름 #안녕_코니

😚 **최은솔 기자**
저의 첫 사수 선배인 건희 기자님! 함께 이곳저곳을 다니며 행복한 추억을 쌓고, 좋은 동료들을 소개해 주셨어요. 건희 선배 몫까지 최선을 다해 〈어수동〉 독자들에게 좋은 기사를 선보일게요. 앞으로도 꽃길만 걸으세요~!♥

😍 **오진희 디자인 파트장**
오랜 시간 함께한 친구들과 인생네컷을 찍었어요! 그 순간 스무살로 돌아간 듯한 마음에 그 시절 친구들을 만난 듯 반가웠답니다~
#사랑하는코니건희♥응원할게!

😆 **김은지 디자이너**
어디선가 달콤한 냄새가 풀풀~. 계란빵 만들기 실험…이 아니라 간식을 만들어 먹었어요! 이게 될까? 하는 호기심 가득한 눈동자들이 반짝반짝하게 변하는 순간이었답니다! 재미있는 추억을 또 하나 만들어준 건희 기자님, 고맙습니다!♥

내가 바로 <어수동> 표지 작가!

독자 여러분이 멋지게 완성한 <어수동> 표지를 소개합니다. 놀이북 표지를 내 맘대로 색칠하고 '플레이콘'의 놀이터-어린이수학동아 게시판에 자랑해 주세요!

베스트 표지

독자
김준수(dentiju)

14호 표지

지금 바로 표지 작가에 도전하세요! 베스트 표지에 뽑히면 선물을 드려요!

이다은 기자

기자의 한마디

★ 앞치마에 '나는 모자 끝판왕'이라고 적혀 있네요. 모자 디자이너의 솜씨가 엄청난가 봐요!

★ $\frac{1}{4}$이 적힌 고깔모자에는 빨간색 원들을 여러 개 그렸네요! 덕분에 한층 더 알록달록한 고깔모자가 완성됐어요.

※ 베스트 표지로 선정된 분은 dana@donga.com으로 이름, 주소, 전화번호를 보내주세요!

어수동 찐팬을 만나다

내 꿈은 미래를 밝히는 로봇 공학자!

글 최은솔 기자(eunsolcc@donga.com)

<어린이수학동아>의 진짜진짜 '찐팬'을 소개합니다! 찐팬으로 선정된 독자의 교실로 <어수동>을 보내드려요.

이정원

로봇 공학자를 꿈꾸며 코딩을 하는 모습이에요.

어수동 <어수동>을 어떻게 알게 되었나요?

서점에서 <어수동>을 사서 읽었는데, 너무 재미있어서 정기구독을 하게 됐어요. 음식, 환경, 운동과 같은 다양한 분야의 이야기를 쉽게 이해할 수 있어서 심심할 틈이 없어요. 저는 '숫자로 보는 뉴스'를 가장 좋아하는데, 2023년 4월 1일자 '100원이었던 짜장면, 53년 동안 63배 올랐다!' 기사가 가장 기억에 남아요. 짜장면 가격이 지금까지 많이 오른 걸 보고 깜짝 놀랐어요.

어수동 10년 뒤, 정원 독자는 어떤 모습일 것 같나요?

멋진 로봇 공학자가 될 거예요. 저는 활발하고 노는 것을 좋아해서 게임과 코딩을 즐겨요. 기술에도 관심이 많은데, 미래 사회에 도움이 되는 로봇을 만들어서 미래를 이끄는 사람이 되고 싶어요. 수학도 열심히 배워서, 나중에 허준이 교수님처럼 필즈상을 받을 만큼 수학을 잘하는 사람이 되고 싶어요.

어수동 주변에 <어수동>에 대해 이야기한 적이 있나요?

2023년 6월 1일자 '친구들을 사로잡는 수학 마술' 기사를 읽고 가족에게 퀴즈를 내며 즐거운 시간을 보냈어요. 특히 모두 같은 정답을 외치는 마술이 재미있었는데, 처음에는 다른 숫자를 생각해도 결국에는 3이 답으로 나오는 게 신기했어요. 부모님도 다양한 수로 여러 번 계산을 해보셨어요.

이정원

놀이북

어린이 수학동아

수와 연산

분수와 소수 ❷

유대현 쌤의 사고력 쑥쑥 수학놀이
분수족에게 맞는 모자를 씌워라!
놀러와! 도토리 오락실 | 오리튜브 50% 세일!
두뇌가 말랑말랑! 알쏭달쏭 퍼즐

예쁘게 색칠해서 '플레이콘'에 올려주세요!

팝콘플래닛으로 놀러오세요!

팝콘플래닛은 어떤 곳인가요?
팝콘플래닛은 어린이의 상상으로 태어난 가상세계입니다.
총 4개의 콘으로 구성돼 있어요.

나의 작품을 직접 연재하는
웹툰/소설/그림 작가 되기!

기사도 쓰고~ 토론도 하고~
어과수 기자단 활동하기!

어린이수학동아, 어린이과학동아
콘텐츠를 한눈에 쏙!

지구를 지켜라!
시민과학자 되기!

팝콘플래닛에 들어가는 방법은?

웹(PC)으로 접속할 때
포털사이트에서 '팝콘플래닛'을
검색하거나 주소창에
www.popcornplanet.co.kr을
입력하세요.

앱(스마트폰/태블릿PC)으로 접속할 때
구글/앱 스토어에서
'팝콘플래닛'을 검색한
다음 앱을 설치하세요.

놀이북 8쪽을 확인하세요!

contents

책 모서리에 찍히지 않도록 주의하세요.

'플레이콘'에 놀러오세요!
놀이터-어린이수학동아 게시판에 나의 놀이북 활동을 자랑하면 추첨을 통해 선물을 드려요.

- **02** 사고력 쑥쑥! 수학 놀이
- **06** 이야기로 냠냠! 어수잼
  나도 될 수 있어! 모자 디자이너
- **08** 수학 궁금증 해결! 출동, 슈퍼M
  수박 더 맛있게 먹는 법
- **10** 놀러와! 도토리 오락실
- **12** 말랑말랑 두뇌퍼즐
- **16** 어수동네 놀이터
- **18** 도전! M 체스 마스터
  둘 중 하나는 꼭 잡는다! 핀, 스큐어
- **21** 도전! M 체스 마스터 카드
- **23** 머리에 꼭 맞는 분수 모자 고르기
- **25** 거북이 그림 퍼즐

사고력 쑥쑥! 수학놀이

콘텐츠 유대현 서울유현초등학교 교사
(전 서울 중부교육지원청 영재교육원 강사)
진행 조현영 기자(4everyoung@donga.com)
디자인 오진희 **일러스트** GIB
#분수 #계산 #곱셈 #나눗셈 #덧셈 #뺄셈

영역을 나눠라

※ 총 49칸으로 이루어진 정사각형에 일부 칸만 색칠된 그림이 있어요. 미션에 따라 영역을 나눠야 해요.

미션

① 영역은 총 3개이고, 직사각형 또는 정사각형 모양이다.
② 영역의 모든 칸 개수는 주어진 분수 중 하나의 분모, 색칠된 칸의 개수는 분자와 같다. 약분★하면 주어진 분수와 같아진다.
③ 주어진 분수에 맞게 정사각형 안쪽에 영역을 나누고, 해당하는 분수를 영역 위에 적어라.

용어 설명

약분★ 어떤 분수의 분모와 분자를 공통된 약수로 나누어서 간단하게 만드는 것을 말해요.

주어진 분수 : $\frac{1}{2}, \frac{1}{3}, \frac{1}{4}$

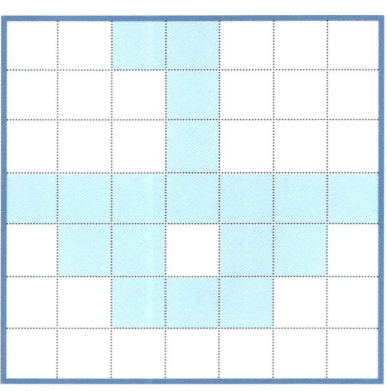

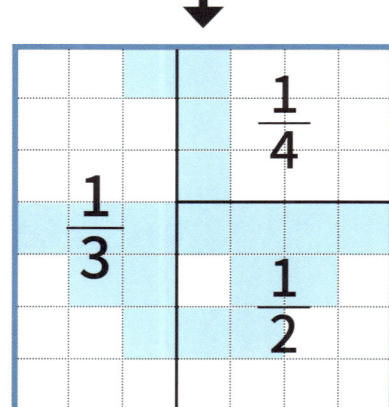

가장 왼쪽의 직사각형 영역은 모든 칸의 개수가 21개, 색칠된 칸의 개수가 7개이므로 $\frac{7}{21} = \frac{1}{3}$ 이야.

같은 방법으로 아래 그림들의 영역을 나누어 보세요.

1

주어진 분수 :
$\dfrac{1}{2}, \dfrac{1}{3}, \dfrac{1}{4}$

힌트

$$\dfrac{7}{21} = \dfrac{1}{3}$$

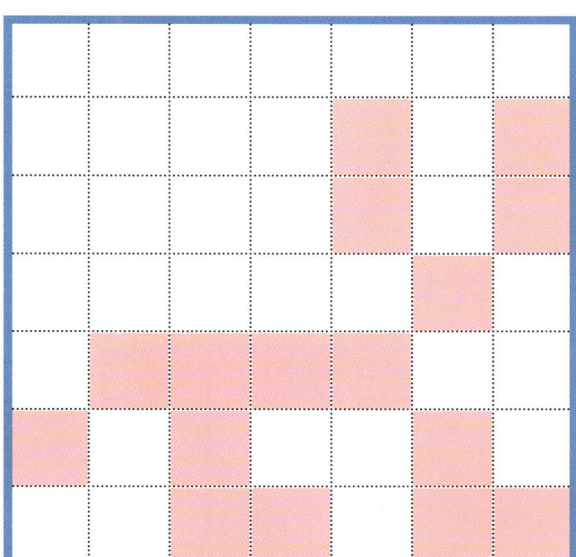

2

주어진 분수 :
$\dfrac{1}{2}, \dfrac{1}{3}, \dfrac{1}{7}$

거북이 그림을 완성하라

아래의 표 속 덧셈식, 뺄셈식을 각각 계산해 보세요. 놀이북 25쪽에 답이 적힌 그림이 있어요. 그림을 조각조각 자른 후, 맞는 답이 적힌 조각을 해당하는 식 위에 붙여요. 조각을 모두 붙인 후 원하는 색을 칠해서 멋진 거북이를 탄생시켜 봐요.

$\dfrac{5}{6}-\dfrac{3}{4}$	$\dfrac{3}{7}+\dfrac{1}{3}$	$\dfrac{1}{2}-\dfrac{1}{4}$
$\dfrac{3}{5}+\dfrac{5}{7}$	$\dfrac{5}{8}-\dfrac{1}{4}$	$\dfrac{2}{5}+\dfrac{1}{6}$
$1\dfrac{1}{2}-\dfrac{6}{7}$	$\dfrac{3}{4}+\dfrac{2}{5}$	$\dfrac{3}{4}-\dfrac{1}{6}$
$\dfrac{1}{3}+1\dfrac{2}{5}$	$1\dfrac{3}{4}-\dfrac{3}{8}$	$\dfrac{1}{3}+\dfrac{2}{5}$

두 분수의 분모를 같게 만든 후 계산해 봐!

사다리를 타고 내려가라

💡 위쪽의 덧셈식, 뺄셈식을 계산한 결과가 아래쪽에 있어요. 위에서 아래로 사다리를 타고 내려가 보세요. 도착한 곳에 맞는 답이 있다면 O 표시를, 틀린 답이 있다면 X 표시를 해요. 틀린 답이 있는 곳에는 맞는 답을 다시 적어 보세요.

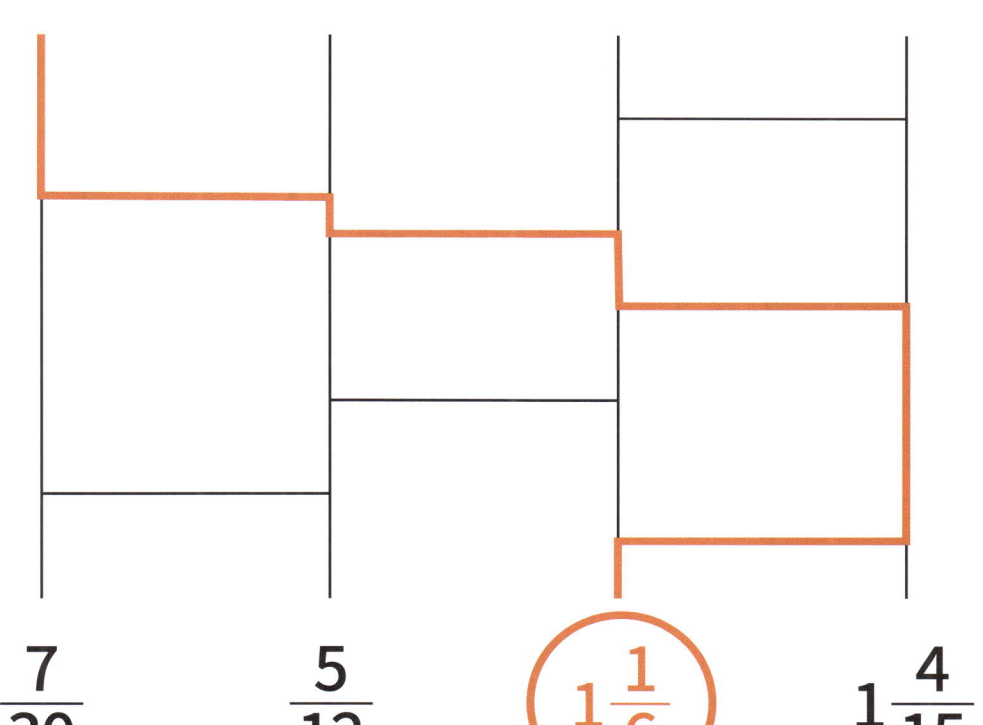

예시

$$\frac{2}{3}+\frac{1}{2} \quad 1\frac{1}{4}-\frac{5}{6} \quad \frac{2}{5}+\frac{5}{6} \quad 2\frac{1}{3}-1\frac{2}{5}$$

$$\frac{7}{30} \quad \frac{5}{12} \quad \left(1\frac{1}{6}\right) \quad 1\frac{4}{15}$$

모자 디자이너

갑분스가 모자 경연 대회에 나가는 날이라, 오늘 하루만 여러분에게 모자 가게 '모자라스'를 맡겼어요. 함께 멋진 모자를 만들어 볼까요?

글 최은솔 기자(eunsolcc@donga.com) 디자인 김은지 일러스트 남동완
#분수 #진분수 #가분수 #대분수 #통분

알록달록 천 색칠하기

천을 가져오는 동안 장대비가 내려 천의 색이 모두 빠져버렸어요. 갑분스가 돌아오기 전에 다시 색을 칠해 둬야 해요. **천에 적혀있는 가분수를 대분수로 바꿔서, 대분수의 자연수 부분에 맞는 색을 칠해보세요.**

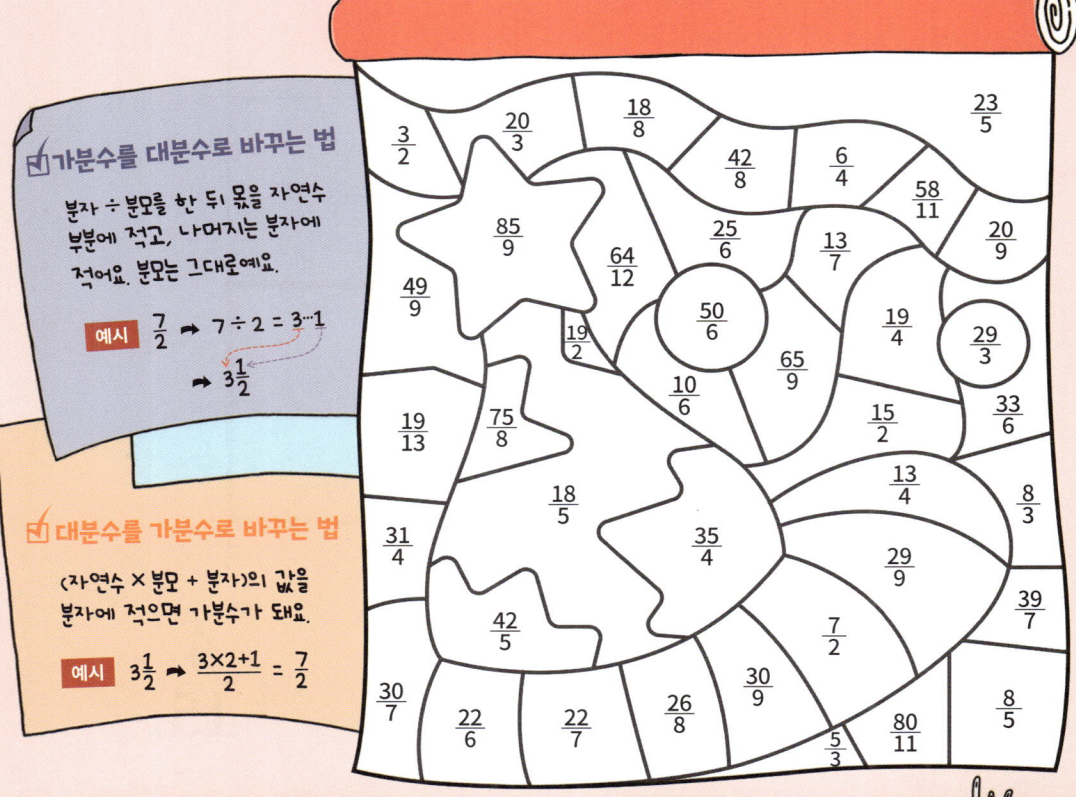

가분수를 대분수로 바꾸는 법
분자 ÷ 분모를 한 뒤 몫을 자연수 부분에 적고, 나머지는 분자에 적어요. 분모는 그대로예요.

예시 $\frac{7}{2}$ → 7 ÷ 2 = 3 ··· 1 → $3\frac{1}{2}$

대분수를 가분수로 바꾸는 법
(자연수 × 분모 + 분자)의 값을 분자에 적으면 가분수가 돼요.

예시 $3\frac{1}{2}$ → $\frac{3 \times 2 + 1}{2}$ = $\frac{7}{2}$

자연수 부분의 수에 따라 색칠해요.
- 1, 2 파랑
- 3, 4 빨강
- 5, 6, 7 초록
- 8, 9 노랑

가분수는 대분수로, 대분수는 가분수로 바꿔주면 서로 모자를 바꿔 쓸 수 있어요. 머리핀에 적힌 분수를 보고, 어떤 모자를 쓸 수 있는지 선으로 연결해 보세요.

$2\frac{5}{9}$ 는 $\frac{2\times9+5}{9}$ 와 같아!

나의 놀이북 활동을 사진으로 찍어 **'플레이콘'**에 올려 주세요. 추첨을 통해 선물을 드려요!

수박 더 맛있게 먹는 법

수박은 그냥 먹어도 맛있지만, 시원한 곳에서 좋아하는 사람들과 나눠 먹으면 더욱 맛있답니다! 수박을 나눌 때는 분수를 활용하면 편해요. 수박의 개수를 분수로 나타내는 연습을 해보고, 수박을 먹을 때 시원하게 만들어줄 수박 모양 부채도 만들어 봐요!

글 장경아 객원기자 **진행** 최송이 기자(song1114@donga.com) **디자인** 김은지 **일러스트** 김태형
사진 GIB, 어린이수학동아
#슈퍼M #생활수학 #수박 #분수 #비교

미션 1 — 수박은 몇 개일까?

각 그림 속 수박은 모두 몇 개인지 분수로 나타내 봐요. 수박 한 통을 '1'이라고 하고, 수박의 개수를 나타낼 때는 진분수와 대분수를 이용해요.

예시: $1\frac{1}{4}$ 개

___ 개   ___ 개   ___ 개

미션 2 — 시원한 수박 부채 만들기

수박 모양 부채를 만들어 시원한 여름을 보내 봐요!

준비물

 빨간색 색종이 2장    초록색 색종이 1장    다른 색 색종이 1장   풀   테이프   사인펜

1
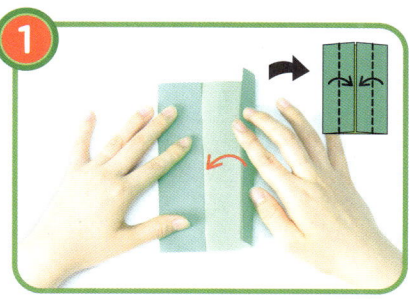

초록색 색종이를 반으로 한 번 접었다 편 뒤, 가운데 선에 맞춰 양옆을 접어요. 그 상태에서 가운데 선에 맞춰 한 번 더 접어요.

2

$\frac{1}{8}$씩 8조각으로 나뉜 색종이를 선을 따라 잘라요. 그중 $\frac{1}{8}$ 크기의 초록색 색종이 조각이 총 4개 필요해요.

3

②를 빨간색 색종이의 양 끝에 세로로 붙여요. 아래에서부터 색종이의 $\frac{1}{8}$ 크기만큼 한 번 접고 뒤집어서 또 한 번 접는 것을 반복해요.

4
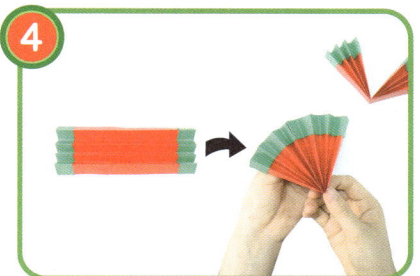

완성된 색종이를 반으로 접고, 만나는 부분을 풀이나 테이프로 고정해요.

①~④를 반복해 총 2개를 만들어요.

5

다른 색 색종이를 약 1cm 간격을 남겨두고 대각선으로 접은 뒤, 뒤집어서 돌돌 말면서 끝까지 접어요. 가운데를 풀로 붙이면 막대기가 돼요.

6

막대기의 양면에 ④에서 완성한 부채꼴 모양 색종이를 하나씩 붙여요.

사인펜으로 수박씨를 그려 넣으면 수박 모양 부채 완성!

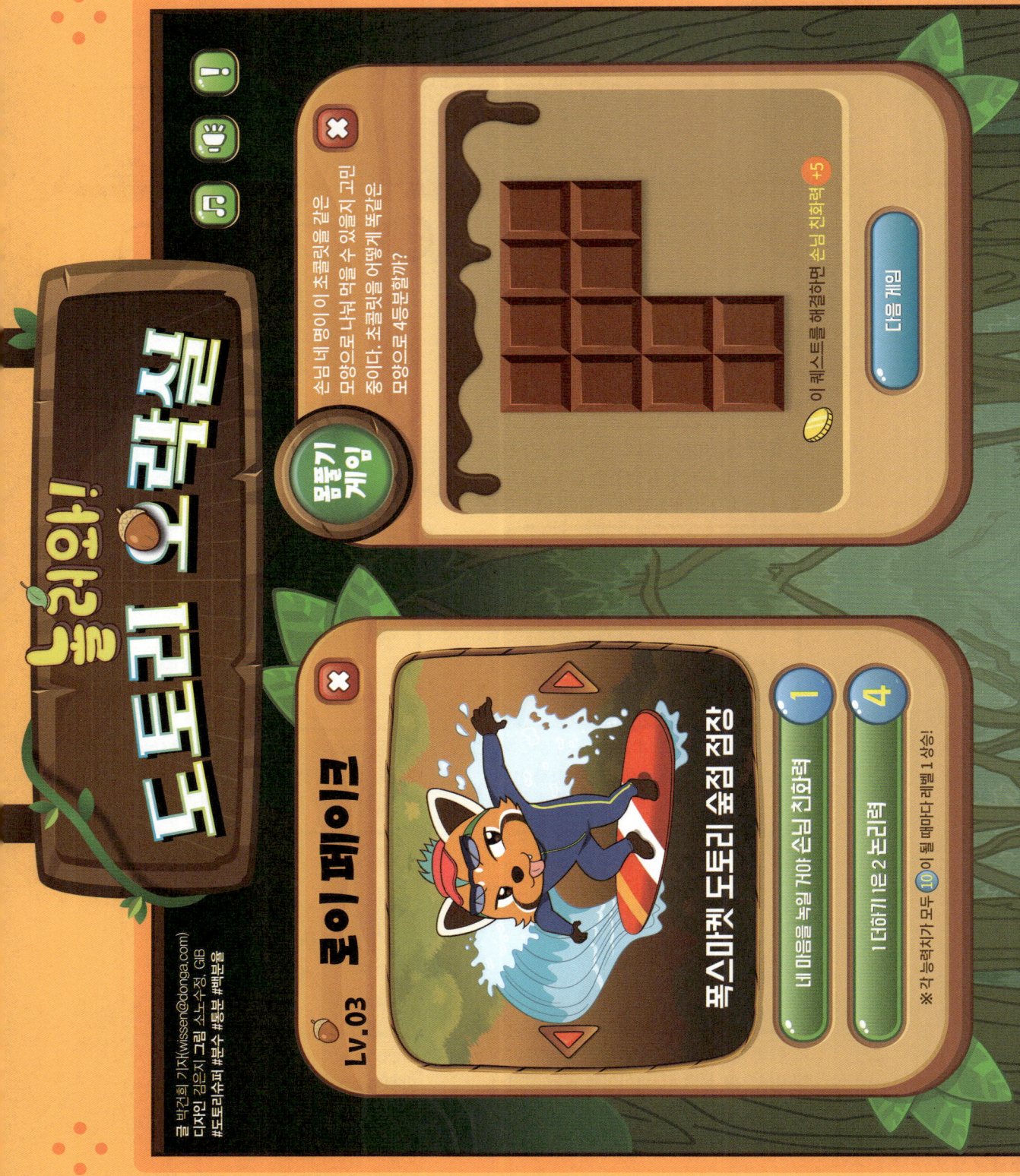

도토리마켓 여름 세일! 가격표 다시 달기

햇살이 내리쬐는 뜨거운 여름! 도토리 숲의 동물들은 여름방학이 되면 파도가 치는 해변이나 시원한 계곡으로 휴가를 떠난다. 로이는 작년에 팔고 남은 여름용 상품을 할인해서 저렴하게 팔려고 한다. 물건에 달린 가격표를 각 물건의 할인율에 맞게 계산한 뒤 바꿔 달아줘라.

13,000원	8,000원	26,900원	70,000원
30% 할인	20% 할인	15% 할인	50% 할인
재잘 햇볕도 문제없지 리본 밀짚모자	물속에서도 빛나는 형광 물놀이공	물고기도 부러워하는 물안경	꽥꽥 소리가 나는 아기 오리튜브

할인율 15%를 분수로 바꿔서 나타내면 $\frac{15}{100}$ 야. 물안경의 원래 가격이 26,900원의 $\frac{15}{100}$ 만큼이 할인되니까, 26900× $\frac{15}{100}$ 를 계산하면 할인되는 돈이 얼마인지 알 수 있어.

할인되는 돈을 구하는 게 끝이 아냐. 원래 가격에서 할인되는 돈만큼 빼야 해. (원래 가격) − (할인되는 돈) = (할인된 가격) 이야. 할인된 가격을 알아내자!

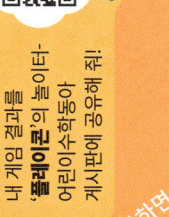

특이사항!

내 게임 결과를 **올레이곤**의 놀이터-어린이수학동아 카스페에 공유해 줘!

이 퀘스트를 해결하면 논리력 +6

말랑말랑 두뇌 퍼즐

두뇌의 다양한 영역을 개발하고 사고력을 키우는 데 퍼즐이 매우 유용해요. 논리력과 수리력, 공간지각력, 관찰력을 키우는 퍼즐을 통해 두뇌를 자극해 보세요!

글 최은솔 기자(eunsolcc@donga.com)
이미지 shutterstock
퍼즐 한국창의퍼즐협회
#삼목퍼즐 #부등호 #슬리더링크 #다른_이웃

논리 퍼즐

삼목퍼즐

각 칸에 검정색 또는 흰색 원을 그려요. 이때 같은 색의 원 3개가 가로, 세로, 대각선으로 연달아 있으면 안 돼요.

예시

예시 정답

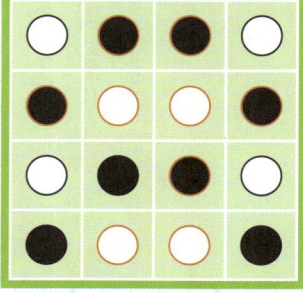

문제

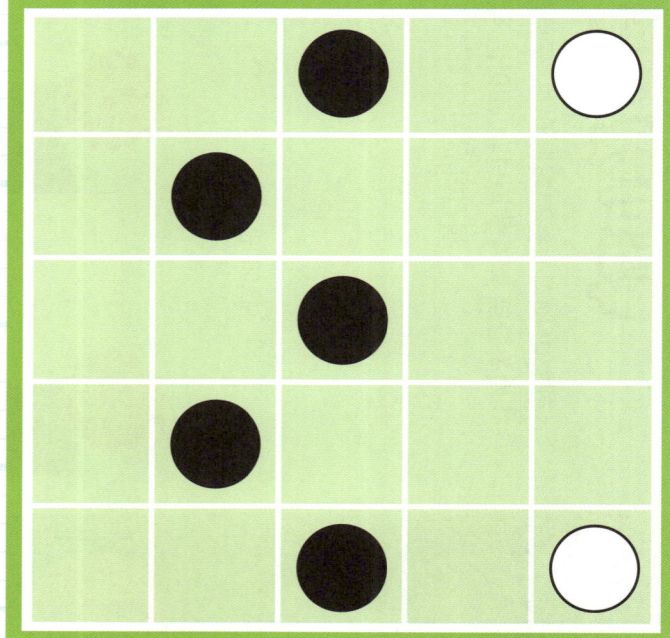

※한국창의퍼즐협회는 세계퍼즐연맹의 한국 운영기관으로, 퍼즐을 놀이이자 교육, 여가활동으로 널리 알리고자 설립한 단체입니다.

각 칸에 귤을 1~4개를 그려요. 이때 가로줄과 세로줄에 같은 개수의 귤이 반복되지 않아야 하고, 귤의 개수가 부등호에 알맞게 들어가야 해요.

예시

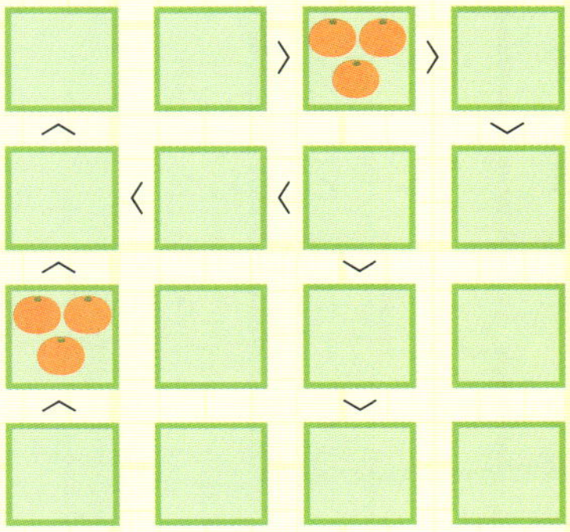

예시 정답

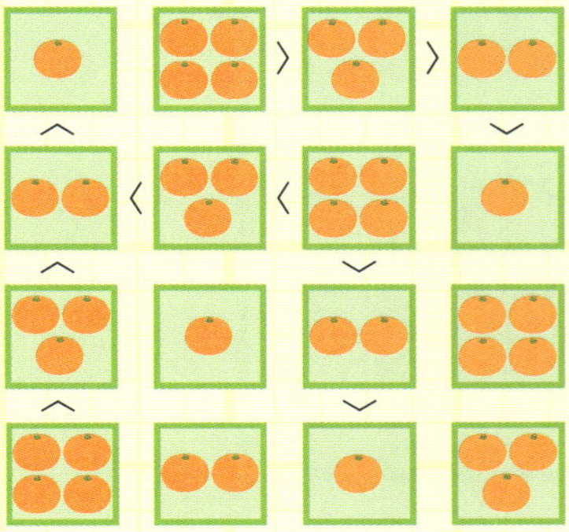

문제

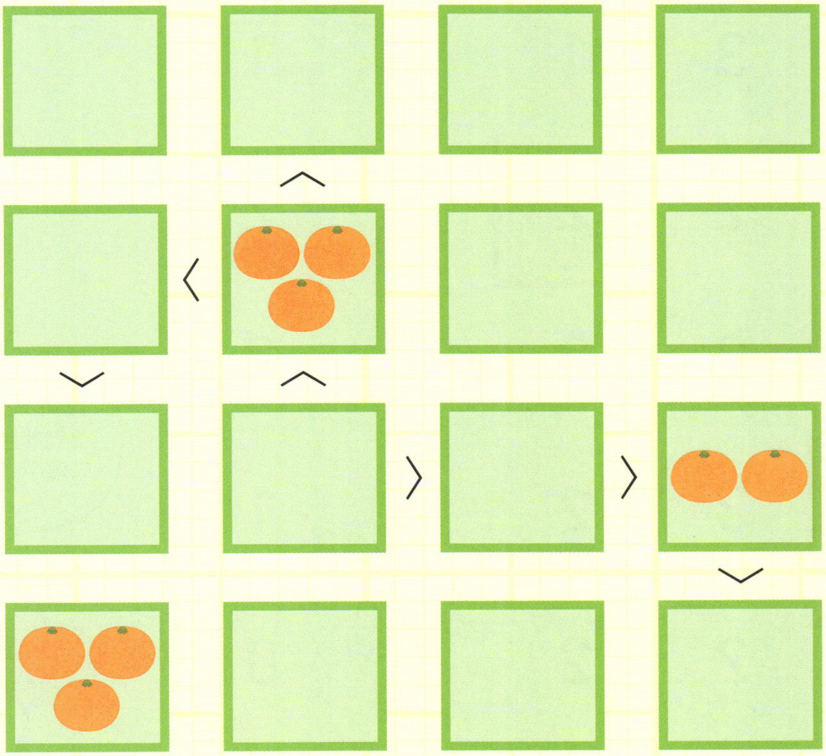

> 부등호는 두 수의 크기를 비교하는 기호야. 1<3처럼 기호가 벌어진 쪽이 더 큰 수이지!

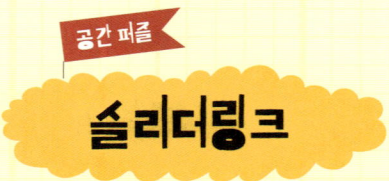

공간 퍼즐

슬리더링크

숫자가 적힌 사각형 둘레에 선을 그어 하나의 고리 모양을 만들어요.
숫자는 사각형 둘레에 그려진 선의 개수예요.

예시

1	1	2	2
3	3	1	2
1	1	2	2
2	2	2	0

예시 정답

1	1	2	2
3	3	1	2
1	1	2	2
2	2	2	0

문제

2	3	1	1	1
2	2	2	2	2
2	2	2	1	2
2	3	2	2	1
2	2	2	1	0

0이 적힌 칸 둘레에는 선을 그릴 수 없어.

굵은 선으로 구분한 칸에 1~4까지 숫자 중 하나를 적어요.
가로나 세로로 붙어 있는 칸에는 서로 같은 숫자가 들어갈 수 없어요.

예시

		1
2		
	3	
1		
		4
3		

예시 정답

	3		1
2	4	3	2
4	1	2	
	3	1	4

문제

대각선으로는 같은 숫자가 있어도 돼~.

어수동네 놀이터

담당 최은솔 기자
(eunsolcc@donga.com)

'**플레이콘**'에 놀러오세요!
놀이터-어린이수학동아 게시판에 나의 놀이북 활동을 자랑해요. 추첨을 통해 독자 여러분께 선물을 드립니다!
<어수동> 속 재미있는 퀴즈와 게임의 정답도 플레이콘에서 확인할 수 있어요.

오늘의 챔피언
이호윤
(leepd2580)

온 가족이 모여서
투자 게임을 했어요!

미션 장면 뒤에 어떤 일이 벌어질지 자유롭게 그려주세요!

그림 미션

와~, 스윙스랜드다!

스윙스랜드에 도착했어!
앞으로 어떤 일이 펼쳐질까?

초록색 떡이 들어간 아이스크림을 만들었어~!
곽은미(ch_em)

단어를 찾았어요. 바로, STOP!
강경희(pinkbud85)

11단 구구단 판을 만들어봤어요.
12단으로도 해봐야겠어요!
김서진(prettydna)

나만의 M 체스 마스터 카드를 완성했어요.
고하준(kohajun0120)

도전! M 체스 마스터

M 체스 세계에선 전투가 한창이에요. 체스는 암산 능력, 수치 해석 능력, 상황 판단 능력 등 전략적 사고력을 키우는 데 도움이 되지요. M 체스 세계의 전략 문제를 풀고, M 체스 마스터로 거듭나 봐요!

8×8 체스 경기장

▸8 체스판의 세로줄인 '파일'은 왼쪽
▸7 부터 순서대로 a, b, c, d, …h로
▸6 읽고 가로줄인 '랭크'는 맨 아랫줄
▸5 부터 순서대로 1~8의 숫자를 붙
▸4 여요. 기물 위치는 파일의 알파벳
▸3 과 랭크의 숫자 조합으로 표시하
▸2 지요. 체스가 시작될 때 흰색 퀸은
▸1 d1에, 검은색 킹은 e8에 있지요.

a b c d e f g h

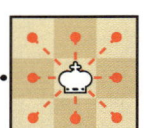

체스판에서 끝까지 지켜야 하는 왕. 앞뒤, 양옆 직선 방향과 대각선 방향으로 한 칸씩만 움직일 수 있음. 킹이 공격받는 상황에서 더이상 피할 수 없게 되면 게임이 끝남.

처음에는 앞으로 1칸 또는 2칸 이동하고, 그 이후에는 앞으로 1칸씩만 이동함. 공격할 때는 대각선 앞에 놓인 상대편 기물만 공격할 수 있음.

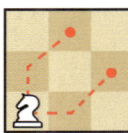

앞뒤나 양옆 중 한 방향으로 한 칸 움직인 다음, 그 방향의 대각선 왼쪽 또는 오른쪽으로 한 칸 더 움직임. 다른 기물을 뛰어넘을 수 있음.

대각선 방향으로 원하는 만큼 움직임.

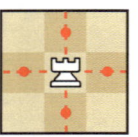

앞뒤와 양옆 직선 방향으로 원하는 만큼 움직임.

앞뒤, 양옆 직선 방향과 대각선 방향 어디로든 원하는 만큼 움직임.

 폰 1점

 나이트 3점

비숍 3점

룩 5점

 퀸 9점

킹 무한대

체스 기물의 가치 점수

둘 중 하나는 꼭 잡는다!
핀, 스큐어

'핀'과 '스큐어'는 우리 팀 기물과 상대 팀의 기물 2개가 직선이나 대각선으로 한 줄에 놓여 있을 때 쓰는 공격 전술이에요. 핀은 바로 앞에 있는 상대 기물이 꼼짝 못 하게 고정하는 전술이고, 스큐어는 가치가 높은 기물을 위협해 피하게 만들고 실제로는 그 뒤의 기물을 잡는 전술이지요.

글 최송이 기자(song1114@donga.com) **콘텐츠** 박인찬 유소년 체스 국가대표 **디자인** 김은지 **일러스트** 이민형
#체스 #기물 #핀 #스큐어

박인찬
유소년 체스 국가대표

2022년 전국 유소년 체스 선수권 대회 U14 부문(만 14세 이하 남자)에서 1위를 했어요. 2023년에는 전국 유소년 체스 선수권 대회에서 전체 1위로 우리나라의 유소년 국가대표로 선정됐어요.

일직선으로 한 번에 공격!

핀은 일직선 위에 있는 상대 팀의 기물 중 앞에 있는 기물이 뒤의 기물보다 가치 점수가 낮을 때 쓸 수 있어요. 아래 왼쪽 그림에서 흰색 비숍은 검은색 나이트를 공격하며 뒤에 있는 퀸을 노리고 있어요. 이때, 검은색 팀은 퀸을 지키기 위해 나이트를 흰색 팀에게 내줄 수밖에 없지요.

스큐어는 핀과 비슷한 상황이지만 앞에 있는 기물이 뒤의 기물보다 가치 점수가 높을 때 쓰는 전술이에요. 아래 오른쪽 그림에서 검은색 팀은 흰색 비숍의 공격을 피해 퀸을 다른 곳으로 옮겨야 하고, 그럼 다음 차례에 룩은 반드시 잡히고 말지요.

도전! M 체스 마스터 전략 퀴즈

퀴즈 1 표시된 비숍이 핀 전술을 쓰려면 어디로 가야 할까요?

꼼짝 마! 내 '핀'에 걸렸어.

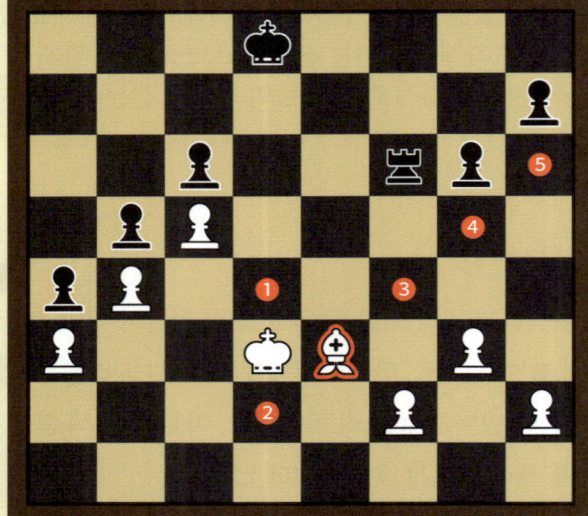

퀴즈 2 표시된 비숍이 스큐어 전술을 쓰려면 어디로 가야 할까요?

뒤에 있어도 '스큐어'로 잡을 수 있지!

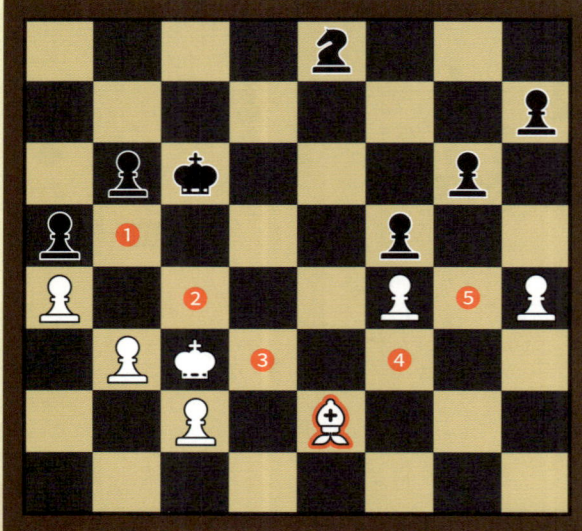

21~22쪽에서 나만의 마스터 카드를 완성해 봐!

핀과 스큐어 마스터 카드

M 체스 마스터가 되려면 노력과 인내의 시간을 거쳐야 하지. 핀과 스큐어를 배운 너희에게 M 체스 마스터 카드를 줄게. 앞으로도 체스 전략을 익히고 카드를 열심히 모으면 M 체스 마스터가 될 수 있을 거야. 오른쪽 카드에 있는 '레벨 업 퀴즈'를 풀면 M 체스 마스터에 한 발짝 더 다가갈 수 있어!

#체스 #말 #기물 #핀 #스큐어

표시된 비숍이 핀 전술을 쓰려면 어디로 이동해야 할까요?

표시된 비숍이 스큐어 전술을 쓰려면 어디로 이동해야 할까요?

김사랑 국가대표가 알려주는 체스 비법

오른쪽 카드엔 항저우 아시안게임 체스 종목 최연소 국가대표인 김사랑 선수(양평동초 6학년)가 알려주는 체스 전략이 담겨있어. 왼쪽 카드에는 너희가 생각하는 '핀으로 고정하는 비숍'과 '스큐어로 붙잡는 비숍'의 모습을 자유롭게 그리고 특징을 적어 줘. 나만의 M 체스 마스터 카드를 완성해서 '플레이콘'의 놀이터-어린이수학동아 게시판에 올리면 추첨을 통해 선물도 준대!

핀으로 고정하는 비숍

특징:

핀으로 고정하는 비숍

전략 1 검은색 팀의 차례예요. d5의 검은색 나이트와 a8의 검은색 퀸은 g2에 있는 흰색 비숍으로부터 대각선에서 '핀' 공격을 당하고 있어요. 앞에 있는 나이트가 움직이면 더 가치가 높은 퀸이 흰색 비숍에게 잡혀요. 그래서 검은색 팀의 나이트는 움직이지 못하고 결국에는 나이트를 내주게 되지요.

스큐어로 붙잡는 비숍

특징:

스큐어로 붙잡는 비숍

전략 2 검은색 팀의 차례예요. f6의 검은색 퀸과 h8의 검은색 룩은 c3의 흰색 비숍으로부터 대각선에서 '스큐어' 공격을 당하고 있어요. 검은색 퀸이 검은색 룩보다 더 가치가 높은 기물이기 때문에, 검은색 룩이 흰색 비숍에게 잡히더라도 이번 차례에는 검은색 퀸이 피해야 해요.

머리에 꼭 맞는 분수 모자 고르기

Welcome 모자라스에 어서 와요!

빨간색 실선을 따라 가위로 잘라서 '이야기로 냠냠! 어수잼'에 나오는 마네킹에 알맞게 붙여보세요.

어떤 모자가 가분수, 대분수에게 맞을까?

← 빨간색 실선

가위를 사용할 땐 다치지 않게 조심하세요.

사고력 쑥쑥! 수학놀이

거북이 그림 퍼즐

아래의 퍼즐 조각들을 자른 후, 놀이북 4쪽에 알맞게 붙이면 거북이 그림이 완성돼요.

$1\frac{11}{15}$	$1\frac{3}{20}$	$\frac{11}{15}$
$\frac{1}{12}$	$\frac{9}{14}$	$1\frac{3}{8}$
$\frac{17}{30}$	$\frac{1}{4}$	$\frac{7}{12}$
$1\frac{11}{35}$	$\frac{16}{21}$	$\frac{3}{8}$

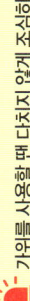

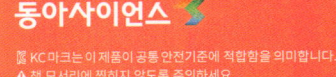

www.popcornplanet.co.kr

어린이 수학동아

2023년 9월 1일 초판 1쇄 발행
2024년 7월 23일 초판 2쇄 발행

지은이 어린이수학동아 편집부
펴낸이 장경애
센터장 김정

편집 최은혜, 최송이, 최은솔, 이다은, 박소은
디자인 조성룡, 김은지
마케팅 이성우, 이효민, 홍은선

일러스트 동아사이언스, 연지, 밤곰, 남동완, 남냠OK, 김태형, 소노수정, 이민형, 허경미
만화 소노수정, 이은섭, 주로, 최수경, 하성호, 홍승우
사진 게티이미지뱅크(GIB), 위키미디어(W), 플리커(F)
인쇄 북토리

펴낸곳 동아사이언스
출판등록 제2013-000081호
주소 (03737) 서울특별시 서대문구 충정로 29 10층
전화 (02)6749-2002
홈페이지 www.popcornplanet.co.kr
　　　　　www.dongascience.com

이 책에 실린 글의 저작권은 어린이수학동아 및 저자에게 있습니다.
무단전재 및 재배포, AI 학습 및 이용을 금합니다.

ⓒ동아사이언스